회계 천재가 된 홍 대리

회계 천재가 된 홍 대리

1

회계의 본질

손봉석 지음

'회계는 어렵고 재미없다'는 편견을 깨는 작업이 무척 의미 있는 일이 될 것이라는 신념으로 시작한 『회계 천재가 된 홍 대리』가 처음 출간된 지도 벌써 15년이 지났다.

5년마다 꾸준히 개정하고 있는 『회계 천재가 된 홍 대리』는 어느덧 네 번째 개정을 맞이했다. 새로이 개정을 할 때마다 격세지감을 느낀다.

2018년 세 번째 개정판을 낸 이후에도 우리나라에서는 굵직한 경영 이슈들이 끊임없이 터져 나왔다. 회사 횡령 사건, 코로나19로 인한 산업 패러다임의 변화, 인공지능의 확산, 신종 비즈니스 플랫폼과 새로운 직업의 등장 등 비즈니스는 지금도 빠른 속도로 변화하고 있다.

매번 개정판 작업을 할 때마다 새로운 경영 이슈들을 반영하고자 노력한다. 아울러 핵심에서 벗어나는 부분은 다시 한번 가다듬으며 불필요한 것이 없는, 속이 꽉 찬 책으로 거듭날 수 있도록 했다.

단순히 회계를 쉽게 알려준다는 의미를 뛰어넘어 최소한 이 정도는 알고 사회생활을 시작했으면 하는 교양서로서의 면모도 대폭 보강했다. 조심스럽게 욕심을 내보자면 '이 책 한 권에 현대의 경제, 경영 이야기를 다 담을 수 있다면 얼마나 좋을까' 하는 생각을 해보기도 한다.

이번 개정판도 마찬가지다. 개정을 위해 1000편의 영화를 몇 번씩 반복해서 보고 대사를 필사하면서 스토리와 문장을 가다듬었다. 또한 경제경영 분야뿐 아니라 문학, 역사, 철학, 문화, 예술, 과학 등 만 권이 넘는 인문학 책을 읽으며 숫자 너머의 의미를 전하고자 했다.

가장 기억에 남는 영화 중 하나는 「히든 피겨스」다. 미국과 러시아의 치열한 우주 개발 경쟁으로 보이지 않는 전쟁이 벌어지던 시절에 흑인 여성 리더들이 우주 궤도비행 프로젝트에서 새로운 수학 공식을 찾아내는 과정을 그린 영화다.

아직까지도 기억에 남는 영화 속 대사가 있다. NASA의팀장이 계산원에게 말한 대사다.

"자네와 저 방에 있는 우리 천재들에게 요구하는 건 숫자 너머를 보고 숫자를 돌려보고 꿰뚫어 보라는 거야. 질문도 모르면서 답을 찾으라는 거지. 아직 존재하지 않는 수학을."

이 말은 내가 회계인에게 가장 강조하는 내용과도 통한다. 현대의 회계인들은 숫자를 뛰어넘어 숫자 너머의 맥락을 읽어내야 한다. 그렇지 못하고 단순히 숫자를 대입하는 데 역할이 머문다면 머지않아 인공지능으로 대체되어 버릴지도 모른다.

경영을 숫자로 바꾸어놓은 것이 회계이기에, 변화된 비즈니스 흐름에 따라 회계 업무에서도 변화가 일어나고 있다. 우리 회사만 하더라도 코로나19를 거치면서 근무 형태를 재택근무로 전환했고, 회사로 들어오는 모든 수입에 발행되는 전자세금계산서와 카드 사용 기록, 현금영수증 등의 모든 전자증빙을 AI 회계프로그램에 전달한다. 그리고 매일 아침 이 AI 회계프로그램은 내가 벌고 쓴 모든 돈의 흐름을 회계처리해 놓는다.

챗GPT로 없어질 직업 1순위가 회계사라는 보고서를

읽고 한동안 회계인은 어떤 역할을 해야 하는가 하는 생각에 잠겼다. AI가 점차 인간의 영역을 침범하고 있는 지금, 회계인은 AI와 경쟁할 것인가, 아니면 AI를 활용할 것인가? 답은 자명하다. AI에 의해 대체되지 않으려면 AI를 활용해 살아남는 회계인이 되어야 한다.

사실 『회계 천재가 된 홍 대리』를 처음 쓸 때부터 이런 변화가 예상되었기에 나는 숫자를 만드는 일보다 숫자를 해석하고 활용하는 쪽에 비중을 두어왔다. 그래서 숫자를 만들고 숫자를 계산하는 건 최대한 생략하고 숫자로 사람과 기업을 읽는 공부에 더욱 초점을 맞췄다.

또한 나는 회계에 관심 있는 독자들을 위해 회계가 사회와 가정에서 삶의 무기가 될 수 있음을 가르쳐주고 싶었다. 영업 및 생산, 구매 등 비즈니스 현장에서 계속 회계 언어를 접하면서도 마치 외국어처럼 해석하지 못하고 대화에 참여하지 못했던 비즈니스인들에게 회계를 어떻게 사용해야 하는지 알려주고 싶었다.

회계는 회계부서나 경리 담당만이 알면 그만이라는 생각은, 스마트폰을 통신 회사에서나 사용하는 장비쯤으로 여기는 것과 마찬가지다. 스마트폰이 남녀노소를 막론하고 누구에게나 필요한 삶의 도구이듯이 회계 역시 사회에서

밥 벌어먹기에 가장 유용한 도구이자 가성비 좋은 투자라는 사실을 알려주고 싶었다.

　이번 개정판의 또 다른 이슈는 ESG다. 각각 Environmental(환경), Social(사회), Governance(지배구조)의 약자로, 오늘 돈을 버는 기업이 앞으로도 계속해서 돈을 벌 수 있는지를 가늠하는 비非재무지표다. 지금 아무리 많은 이익을 내도 환경이나 지배구조 등이 문제가 되면 기업은 한순간에 무너져버릴 수 있다. 과거에는 이익을 '얼마나' 내는지가 가장 중요했다면, 이제는 이익을 '어떻게' 내는가가 더욱 중요해진 셈이다. 그래서 소설 형식의 스토리에 ESG 환경을 최대한 반영하려고 노력했다.

　〈회계의 본질〉을 다룬 1권에서는 주주자본주의에서 이해관계자 자본주의로의 변화와, 이해관계자를 위한 ESG 공시에 대한 내용을 담았다. 2권은 〈수익성 개선〉 편으로 지속가능경영을 위한 ESG 재무지표를 강조했다. 〈세무리스크 관리〉 편인 3권에서는 투명경영과 반부패 준법경영을 중심으로 하는 ESG 체크리스트를, 〈원가 절감〉 편인 4권에서는 환경과 상생경영을 통한 ESG 지표 개선 전략을 설명하는 데 중점을 두었다. 〈자금조달〉 편인 5권에서는 ESG 시대의 기업가치와 지속가능경영에 대해 다루었다.

한편 초판을 발행한 이후 시간이 흘러 필자의 나이도 지천명이 되었다. MZ세대와 소통을 위한 특별한 노력이 필요했고, 기업 환경이 바뀌어 홍 대리의 배경 스토리 또한 변화가 필요했다.

　　이에 다양한 경험을 가진 여러 세대가 모여 스토리를 고쳐 썼다. 현용림, 손미선, 손은영, 조수근, 한상욱, 박선영, 임대협 님께 감사드린다. 책이 좀 더 젊어진 데는 이 분들의 역할이 크다는 것을 밝히고 싶다.

　　끝으로 이 모든 영광을 하나님께 드리고 가족들에게 사랑한다는 말을 전하면서, 『회계 천재가 된 홍 대리』를 새롭게 시작하려 한다.

2023년 10월 손봉석

contents

홍영호(홍 대리)

"잘못된 것을 잘못됐다고 말하는 것이 우리가 할 일 아닌가요?"

저조한 실적 탓에 영업팀에서 스트레스를 받다가 경영지원팀으로 직무 전환해 회계 업무를 맡았다. 비자금 사건을 계기로 진정한 회계인으로 거듭나는 인물.

신성훈

"회계는 기업이 썩지 않도록 방부제 역할을 하는 거야."

경영지원팀 부장. 홍 대리에게 '고객을 위한 회계'를 가르쳐 준 정신적 지주.

최영순

"회계를 모르면 사업가로 절대 성공할 수 없군요."

남편의 죽음으로 갑작스레 사장이 되었다. 의욕적이고 책임감이 강하지 만 회계를 몰라 큰 위기를 맞는다.

이현숙

"커피는 비용이 아니라 자산이니까요."

경영지원팀 주임. 똑 부러지는 성격으로 홍 대리에게 실무적 조언을 아 끼지 않는다.

정태호

"사모님, 회사를 다른 사람 손에 넘길 수는 없지 않습니까?"

경영지원팀을 총괄하는 상무. 최영순 사장의 절대적인 신임을 받는다.

모든 일은
갑작스레
일어난다

최영순은 남편이 이토록 허무하게 떠나리라고는 생각하지 못했다. 아직 마음의 준비가 되어 있지 않은 상태여서 그 충격은 더 크게 느껴졌다. 살아 있는 동안 자기 일보다 다른 사람의 일을 더 소중하게 생각했던 남편이었기에 장례식장은 조문객들로 붐볐다.

상복을 입고 있어서인지 최영순의 얼굴은 더욱 창백했다. 정신을 잃고 쓰러지기라도 할 듯 위태로워 보였다. 그런 그녀가 안쓰러워 조문객들은 위로의 말조차 건네지 못했다. 최영순은 딸을 보며 착잡한 마음을 달랠 길이 없었다. 은주도 아빠가 영영 돌아오지 못할 곳으로 떠났다는 사실을 머지않아 깨달을 것이다. 그건 최영순 자신도 마찬가지였다. 그녀 역시 장례를 치르고 있는 이 순간조차 남편의 죽음을 받아들일 수 없었다.

믿고 의지하며 살 대상이 세상에서 없어졌다는 사실은 가슴에 큰 구멍이 난 것처럼 힘든 일이었다. 그나마 함께 남편의 임종을 지키고 장례식 내내 자기 일처럼 그녀의 일을 돌봐주는 정태호 상무가 있어 조금은 위안이 됐다.

"사모님, 좀 들어가서 쉬세요. 저와 직원들이 있으니까 여기는 너무 걱정하지 마세요."

최영순은 정태호 상무의 마음 씀씀이가 고마웠다. 가족들은 안중에도 없이 회사밖에 모른다고 남편을 타박하며 살았는데, 저세상으로 가면서 남편은 자신을 믿고 따르던 많은 사람들을 그녀 곁에 남겨준 것 같았다.

장례식을 치르자마자 최영순은 결국 병원에 입원하고 말았다. 장례식 자리를 끝까지 지켜야 한다는 의무감으로 견딘 며칠이었다. 이제 다 끝났다는 생각과 함께 맥이 풀리면서 억눌렀던 슬픔과 미래에 대한 불안감이 날카로운 칼처럼 그녀의 가슴을 찔러왔다.

그때 정태호 상무가 은주를 데리고 병실에 들어서며 살갑게 말했다.

"담당 의사에게 이야기 들었습니다. 크게 걱정하실 건 아니랍니다. 요양하듯 푹 쉬시고 맘 편히 가지시면 조만간 퇴원하실 수 있을 겁니다. 사장님도 안 계신데 사모님이라도 기운을 차리셔야지요."

정 상무가 걱정스러운 눈빛으로 말하자 은주가 대뜸 제 엄마에게 물었다.

"엄마, 어디 아파?"

어린 딸의 얼굴을 바라보고 있자니 어느새 최영순의 눈에 눈물이 어렸다. 딸 앞에서는 절대 약한 모습을 보이고 싶지 않았지만, 한번 쏟아져 나온 감정은 고삐 풀린 망아지처럼 말을 듣지 않았다. 그녀는 황급히 고개를 창가로 돌리고 이를 악물었다. 마음을 진정시킨 후 그녀는 애써 밝은 표정을 지으며 딸의 얼굴을 마주 봤다.

"은주야, 걱정하지 마. 엄마 곧 말짱해질 거야. 고작 감기인데, 뭐. 우리 은주도 지난겨울에 감기 걸려서 고생한 적 있지? 그래도 약 먹고 일어났잖아. 엄마도 약 먹으면 금방 기운 차릴 거야."

어린 딸의 초롱초롱한 눈을 바라보며 최영순은 희미하게 웃었다. 그때 정적을 깨고 정 상무의 휴대폰이 요란스럽게 울렸다.

"잠깐 실례하겠습니다."

전화를 받으러 병실 밖으로 나갔던 정 상무가 금방 다시 돌아왔다.

"경영지원팀 신성훈 부장인데, 급히 가봐야 할 것 같습니다."

"네, 여기는 걱정 말고 가보세요."

정 상무는 은주의 머리를 쓰다듬고는 병실을 나와 황급히 회사로 향했다.

정 상무가 사무실에 들어서니 경영지원팀 직원 외에도 몇몇 주주가 보였다. 대표이사를 비롯한 이사 선임 문제를 논의하기 위해 정 상무를 기다리고 있었던 것이다. 다들 뭔가 작당이라도 한 듯 단호한 표정이었다. 그 모습을 보고 정 상무가 선수를 쳤다.

"사모님도 병원에 계신데 지금 대표이사 문제를 거론하는 것은 시기가 좋지 않습니다."

"그럼 언제 퇴원하실지도 모르는데 대표이사 자리를 공석으로 두겠다는 겁니까?"

주주 가운데 한 사람이 강한 어조로 말했다.

"사장님 지분이 사모님께 상속되었으니 현재는 사모님

이 회사의 최대주주입니다. 대표이사 선임도 사모님 의사가 가장 중요한 것 아닙니까?"

과거에는 무기를 가진 사람에게 힘이 있었지만, 주식회사는 주주들이 이사를 선임하기 때문에 주식을 많이 가진 사람에게 힘이 몰릴 수밖에 없었다.

정태호 상무는 에둘러 주주들에게 섭섭함을 표시했다. 그러나 주주들도 호락호락 물러설 기미가 아니었다.

"정 상무님은 마치 회사의 주인이라도 된 것처럼 말씀하시는군요."

누군가 툭 던진 말에 정 상무가 발끈했다.

"말씀이 좀 지나치시군요. 그런 뜻이 아니라 사모님도 안 계신데 여기서 우리끼리 결정할 문제가 아니라는 겁니다."

"그럼 거기 병원에서라도 이사회를 합시다."

주주들은 당장이라도 병원에 달려갈 기세였다.

"잠시만 앉아주세요. 사모님이 지금 얼마나 힘들지 생각해 보셨나요? 우르르 찾아간다면 그건 돌아가신 사장님께 죄를 짓는 행동입니다. 여기 계신 분들도 다 사장님께 도움을 받아온 분들 아닌가요? 그러니 최소한의 예의는 지켜주셨으면 합니다."

정 상무는 주주들을 설득하면서 동시에 사람들의 이기심을 보았다. 주주들의 초조한 심정을 모르는 건 아니지만 이건 경우에 어긋나는 일이었다.

그의 호소가 먹혀들었는지 주주들도 말을 멈추고 생각에 잠겼다. 잠시 정적이 흐른 후, 한 주주가 다시 입을 열었다.

"정 상무님 말씀이 틀린 건 아니지만 그렇다고 사모님이 회사를 경영할 수 있는 것도 아니지 않습니까? 본인 몸하나 가누기도 힘든데 어떻게 회사를 경영할 수 있겠습니까?"

"그건 제가 말씀드릴 수 있는 문제가 아니군요. 사모님의 의향을 알아볼 테니 그때까지만 좀 기다려주시기 바랍니다."

그러자 다른 주주가 중재안을 내놓았다.

"그러면 이렇게 하시죠. 한 달 후에 다시 이 자리에서 만나 대표이사와 이사진의 재선임 문제를 결론짓기로 합시다."

정 상무는 쓰게 입맛만 다셨다.

"그럼 정 상무, 그렇게 알고 우리는 갑니다. 사모님께 우리 뜻을 잘 전달하리라고 믿겠습니다."

주주들이 휑하니 돌아간 뒤 정 상무는 자기 사무실 창가에 서서 팔짱을 낀 채 깊은 생각에 잠겼다. 그때 조심스레 신성훈 부장과 배석재 차장이 들어왔다.

　　"상무님, 어떻게 하실 생각이십니까?"

　　신성훈 부장이 조심스레 물었다. 정 상무는 그를 잠시 쳐다보더니 이내 다시 상념에 잠겼다.

　　"사장님이 계실 때는 그렇게도 관계가 좋아 보이더니 사장님이 돌아가시자마자 저렇게 돌변하다니요. 안 그렇습니까?"

　　배 차장이 격양된 목소리로 말했다.

　　"배 차장, 꼭 그렇게만 생각할 일은 아니네."

　　정 상무의 뜻밖의 말에 신성훈 부장이 놀라며 물었다.

　　"아니, 그게 무슨 말씀입니까? 상무님, 이건 백번 생각해도 인간적으로 도리가 아니지 않습니까?"

　　정 상무가 신성훈 부장을 돌아보며 침울한 목소리로 말했다.

　　"그래, 경우에 들어맞는다고는 할 수 없겠지. 하지만 한번 생각해 보게나. 회사의 절대적인 존재였고 주주들의 신뢰도 높았던 사장님이 살아 계셨던 때와는 달리 지금은 미래가 불확실해졌어. 사장님 같은 능력 있는 경영자가 없는 지금, 주주들 입장에서는 회사를 매각하는 게 유리하다고 생각할 수도 있겠지."

신성훈 부장은 정 상무의 말에 동의할 수가 없었다.

"그렇지만 사모님께 회사를 매각하자고 할 수는 없지 않습니까? 돌아가신 사장님도 전부터 직원들에게 가족처럼 회사를 이끌어나가자고 말씀하셨잖아요."

신성훈 부장의 말에 배 차장도 고개를 끄덕였다. 정 상무는 한숨을 내쉬더니 차분한 목소리로 말했다.

"주주들을 설득하려면 회사가 그만한 실적을 보여줘야 하는데 쉽지가 않아. 지금 업계에서는 우리 회사가 오래가지 못할 거라는 소문도 돌고 있네."

배 차장이 눈을 동그랗게 뜨고 화를 냈다.

"대체 누가 그런 소문을 냅니까?"

신성훈 부장이 배 차장의 옆구리를 쿡 찔렀다.

"배 차장, 너무 흥분하지 말게. 가만 들어보니 상무님 말씀도 일리가 있어. 절대군주 같던 사장님이 안 계신 지금, 업무가 마비 상태에 빠진 게 사실이니 그런 소문이 돈다 해도 어쩔 수 없는 거지."

신성훈 부장은 냉정을 되찾고 있었다.

"사모님이 대표이사가 되시면 주주들이 원하는 수준의

성과를 낼 수 있을까?"

정 상무가 걱정스러운 듯 천장을 보며 말했다. 한 사람의 뚝심으로 일으켜 온 회사에서 사장 자리가 갑자기 공석이 되었을 때 얼마나 큰 혼란이 벌어질지를 근심하는 듯했다.

"상무님께서 옆에서 도와주신다면 못 하실 것도 없지 않겠습니까?"

신성훈 부장이 조심스레 묻자 배 차장도 맞장구를 쳤다.

"맞습니다. 상무님은 사장님과 함께 20년 이상을 일하셨고 이 업계에서 누구보다 베테랑이지 않습니까? 저희가 함께 사모님을 보필해 나간다면 사장님이 계실 때와 다름 없이, 아니 그보다 더 잘해나갈 수 있을 겁니다."

두 사람은 마치 전장에 나가는 군인처럼 결연한 표정이 되었다. 하지만 정 상무는 선뜻 뭐라 대답할 수가 없었다.

"자네들의 그 마음은 잘 알고 있네. 하지만 사모님의 의견이 중요할 것 같군. 지금은 사모님이 병원에 계시니 퇴원하시면 조용히 보고하기로 하세."

블라인드를 걷어 올린 병실은 쏟아져 들어오는 햇살 덕에 따스한 기운이 가득했다. 최영순은 창밖의 하늘을 보며 자신의 앞날을 내다보았다. 얼핏 생각해 봐도 지금까지와는 많이 다를 것이었다.

그때 병실 문이 열렸다. 간병인일 거라 생각한 그녀는 돌아보지도 않고 말했다.

"눈이 조금 부시네요. 블라인드를 조금만 내려주시겠어요?"

그러나 아무 대답이 없었다. 고개를 돌린 최영순은 너무 놀라 기절할 지경이었다. 병실에 들어선 사람은 간병인이 아니라 살아생전 그대로의 남편이었다.

"은주 아빠?"

최영순은 자신도 모르게 큰 소리로 외쳤다.

남편은 서글서글한 눈매로 아내를 바라보았다.

"그래, 여보. 나야…… 당신이 나 때문에 고생하고 있네. 은주를 잘 부탁해요."

"은주 아빠! 은주랑 저, 당신 따라갈래요. 제발 데려가주세요."

최영순은 반가움과 서러움에 흐느끼기 시작했다.

"그런 나약한 소리 말아. 당신이 은주를 잘 키워야지. 당신은 잘할 수 있을 거야. 그리고 당신이 회사를 좀 맡아주면 좋겠어."

"전 못 해요. 지금 내 몸 하나 가누기도 힘든데 어떻게 회사까지 맡아요? 제가 뭘 할 수 있겠어요?"

"당신이 해야 돼. 당신이 일어나지 못하면 주주들은 회사를 팔아버릴 거야."

"그래도 어떻게 내가…… 저는 못 해요."

"정 상무가 옆에서 도와줄 거야. 나도 늘 당신을 지켜보리다."

말을 마친 남편은 마치 연기처럼 희미하게 사라졌다.

"은주 아빠! 은주 아빠!"

최영순은 소리치며 눈을 떴다. 여전히 병실 안이었고 창을 통해 들어온 햇살에 눈이 부셨다. 옆에는 간병인과 정태호 상무가 앉아 있었다.

"사모님, 사장님이 꿈에 나오셨나 봐요."

간병인이 식은땀을 닦아주었다.

"제가 입원한 지 얼마나 됐죠?"

"한 달이 거의 다 되어갑니다."

정 상무가 답했다.

"벌써 그렇게 됐군요. 회사는요?"

"회사 걱정은 마세요. 우선 사모님 몸부터 추스른 후에……."

"남편이 회사를 부탁한다고 했어요. 그러지 않으면 주

주들이 회사를 팔아버릴 거라고……. 간절히 부탁했어요."

정 상무가 잠시 생각하더니 입을 열었다.

"정말 사장님께서 왔다 가셨나 봅니다. 사모님이 입원해 계셔서 말씀드리지 못했는데…… 사실은 주주들이 그런 말을 꺼내긴 했습니다."

정 상무가 조심스럽게 말을 이었다.

"지금 회사는 공황 상태나 다름없습니다. 사장님의 공백이 너무 커서 직원들도 일손을 놓다시피 하고 있어요. 생산라인 가동률은 이전의 절반밖에 되지 않고요."

"남편을 생각하면 회사를 계속 이끌어가야 하는데, 과연 내가 할 수 있을지……. 솔직히 저는 자신이 없어요."

"사모님, 자신감을 가져야 합니다. 지금은 사모님밖에 없습니다. 회사를 다른 사람 손에 넘길 수는 없지 않습니까?"

"정 상무님이 도와주세요. 저 혼자서는 아무것도 할 수 없어요. 이제 제가 의지할 수 있는 사람은 정 상무님밖에 없어요."

최영순은 아득한 절벽에 서 있는 심정이었다.

"제가 당연히 도와드려야지요. 사모님 주식이 과반수가 넘기 때문에 법대로 해도 경영권을 빼앗길 염려는 없습니다. 사모님께서 입원해 계신 동안 저도 회사를 위해 어떻게 하는 게 좋을지 많이 고민했고 계획도 세워놓았습니다. 그 부분은 나중에 천천히 말씀드리겠습니다."

"고마워요, 정 상무님."

"사흘 뒤에 주주들과 미팅이 잡혀 있습니다. 공식적인 회의는 아니지만 아마도 그때 사모님이 갖고 계신 주식을 넘겨 달라는 요구를 할 것 같습니다."

"네? 은주 아빠 가신 지 얼마나 됐다고…… 은주 아빠 생전에 그 사람들을 가족보다 먼저 챙겼는데 어떻게 우리를 이렇게 대할 수 있어요?"

"사모님, 죄송합니다. 제가 부족해서 그런 것 같습니다."

"정 상무님에게 한 말이 아니에요. 안 되겠네요. 오늘이라도 퇴원해야겠어요. 일단은 만나서 얘기하도록 하죠."

최영순은 앞으로 해결해야 할 문제가 심각하다는 걸 절감했다. 몸이 아픈 것보다 병실에 누워 회사에 나가지 못하는 것이 최영순을 더 힘들게 했다.

대회의실에는 투자를 한 주주들, 최영순 그리고 정태호 상무와 이사들이 각자 자리를 잡고 앉았다.

"사모님, 사장님이 돌아가신 지 한 달밖에 되지 않은 시점에서 경영 문제를 말씀드려야 한다는 점을 매우 유감스럽게 생각합니다."

대주주 가운데 한 명이 조심스럽게 입을 열었다. 최영순은 그의 얼굴을 쳐다봤다. 남편이 살아 있을 때 퍽 가까웠던 사람이다.

"그걸 아시는 분들이 벌써 회사를 팔자는 말을 하시는 겁니까?"

믿었던 사람을 통해 그런 말을 들으니 배신감이 들어 일순간 흥분한 최영순이 언성을 높였다.

"사모님, 진정하세요. 회사를 위해서 드린 말씀입니다."

"회사를 위한다는 분들이 회사를 처분하자는 말을 하시다니……."

"지금까지는 돌아가신 시장님께서 회사를 잘 운영해 왔습니다. 그러나 이제 그렇게 할 수 있는 분이 없습니다. 지난 한 달 동안의 매출 실적을 보세요. 벌써 매출이 전년 대비 20퍼센트 이상 급감했습니다. 또 무엇보다 사장님의 공백에 투자자들이 매우 불안해하고 있습니다."

직원들은 남편을 존경하고 기억하고 그리워했다. 남편은 죽어도 살아 있었던 것이다.

회의실에는 무거운 정적이 흘렀다. 그때 정적을 가르며

대회의실의 기다란 탁자 위로 최영순의 목소리가 날아들었다.

"제가 회사를 이끌어보겠습니다."

주주들은 놀라는 모습이 역력해 보였다.

"사모님, 경영은 아무나 하는 게 아닙니다. 의지만으로 되는 일이 아니란 말입니다."

"알아요. 저도 쉽게 내린 결정은 아닙니다. 그러나 죽은 남편의 기업철학을 지켜나가기 위해서라도 부족하지만 저한테 맡겨주세요."

"사모님의 의지는 알겠지만, 지금 사모님은 냉정을 잃으신 것 같습니다."

"맞습니다. 계속 고집하시다가는 파산하고 맙니다. 때마침 운 좋게도 경쟁회사에서 인수 제의를 해왔는데 조건이 좋습니다."

"팔 생각 없습니다."

"금액은 듣지도 않으시는군요."

"얼마를 줘도 안 팔 거니까요."

최영순은 숨을 깊게 쉬고는 단호하게 말했다.

"생각지도 못한 사람이 과분한 자리에 앉는다고, 자격이 안 된다고 생각하는 분들이 많을 것입니다. 그러나 저는 남편의 인생과 다름없는 회사와 전 재산을 걸고 이런 결정을 내린 것입니다."

여전히 남편의 영혼이 지배하고 있는 공간과 사람들 속에서 무시당하고 있었지만 최영순은 단호했다. 주주들이 최영순을 몇 번 더 설득했지만 그녀는 요지부동이었다.

"사모님이 그렇게 나오시면 저희로서도 어쩔 수가 없습니다. 저희도 주주의 권리를 행사해야겠습니다."

"그게 무슨 말입니까?"

최영순이 놀란 표정으로 물었다.

"지금 저희가 갖고 있는 지분을 회사에서 매입해 주세요. 저희 몫만 받을 수 있다면 그 뒤에는 사모님 마음대로 회사를 운영하셔도 좋습니다."

"그 요구는 들어드리기 힘듭니다. 지금 회사에 자금이 없다는 걸 잘 아시지 않습니까?"

정 상무가 대신 대답했다.

"정 상무님, 말씀 잘하셨습니다. 지금도 자금이 부족한데 사모님이 경영하시다가 있는 자금마저 다 소진해 버리면 그때는 어쩌란 말입니까? 회사 상황 때문에 주저하는 투자자들도 있습니다. 솔직히 회사의 미래에 대해서 회의적인 것이 현실입니다. 경영자가 누가 되느냐에 따라 신규 투자를 취소할 가능성이 있습니다."

비상장회사 주식은 매매가 안 되므로 주주들이 주식시세차익을 얻기 어려워 이익 배당이 유일한 기대수익이다. 그런데 대표이사의 죽음으로 그마저도 불확실한 상황이 되었다. 자연히 그들은 최대한 빨리 주식을 매각하는 것이 그나마 투자금을 회수할 유일한 기회라고 여겼다.

최영순과 정 상무는 아무런 답변도 하지 못하고 서로의 눈만 바라보았다. 그때, 조용히 있던 주주 한 명이 입을 열었다.

"이렇게 하다간 끝이 없겠어요. 조금씩 양보를 하죠."

"아니, 무슨 양보를 하라는 겁니까? 수십억 원을 손해 보게 생겼는데 사모님께서 고집을 피우시잖아요."

"고집이라니요? 말이 지나치십니다."

최영순도 지지 않았다.

"두 분 다 고정하시고 제 말 좀 들어보세요. 지금 주주들은 지분에 상당하는 자금을 확보하고 싶어 합니다. 그리고 사모님은 회사를 계속 이끌어나가겠다고 합니다."

그가 주위를 둘러보며 잠시 말을 끊었다가 모두 자신의 말에 귀를 기울이고 있다는 걸 확인하곤 다시 말을 이어 갔다.

"좋습니다. 양쪽 모두 인정하는 것이라고 알겠습니다. 그렇다면 저희가 2년의 시간을 드리겠습니다. 만약 그 안에 회사를 정상궤도에 올려놓지 못한다면 사모님의 지분을 저희에게 모두 넘기십시오. 하지만 2년 동안 경영을 잘해내신다면 저희도 손해 볼 것 없으니 회사를 계속 이끄시면 됩니다. 어떻습니까?"

주주들은 최영순의 대답을 기다리는 눈치였다. 최영순은 이 뜻밖의 상황에 잠시 당황했다. 순간적으로 무수히 많은 생각이 오갔다. 어차피 주주들을 이 자리에서 설득할 수 없다면 시간을 유예한 뒤 방법을 강구하는 것도 전략이 될 터였다.

최영순이 생각을 정리하는 동안 다른 주주가 채근하듯 말했다.

"썩 마음에 내키는 조건은 아니지만 최대한 사모님의 사정을 배려한 제안이 아닌가 싶군요. 어떻습니까? 이것마저 싫다면 우리로서는 회사를 매각하는 수밖에 없습니다."

최영순은 결심을 굳힌 듯 단호하게 대답했다.

"알겠습니다. 2년간 저에게 경영권을 주세요. 만약 2년 안에 원하는 목표를 이끌어내지 못한다면 지분과 경영권을 모두 넘겨드리겠습니다."

그 말에 놀란 사람은 정 상무였다.

"사모님! 진심이십니까? 조금 더 생각해 보십시오!"

2년간의 경영을 제안한 주주가 최영순의 말에 고개를 끄덕이며 말했다.

"정 상무가 나설 문제가 아닌 것 같습니다. 사모님, 저희는 사모님이 말씀하신 내용을 정리해 변호사에게 연락해 놓겠습니다. 회사를 잘 이끌어주시길 기대하겠습니다. 아, 이제부터는 사모님이 아니라 사장님이라고 해야겠군요. 최선을 다해주십시오. 최영순 사장님!"

일단 결론이 내려지자 주주들은 약속이라도 한 것처럼 곧바로 자리에서 일어나 회의실을 나갔다. 어쩌면 그들은 최영순을 설득할 수 없음을 알고 미리 이렇게 되도록 말을 맞추었는지도 모른다.

최영순은 2년의 시간을 벌었다는 안도감에 자신도 모르게 한숨을 내쉬었다. 긴장했던 탓인지 온몸에서 힘이 빠져나가는 듯했다.

그렇게 말없이 앉아 생각에 잠긴 채로 10여 분이 흘렀다. 최영순은 조용히 천장을 바라보고 있고, 정 상무는 그녀가 무슨 말이라도 하기를 기다리는 눈치였다.

최영순은 방금 일어난 일이 까마득히 먼 옛날 일인 것

처럼 느껴졌다. 아니, 현실이 아니라 꿈속을 헤매다 온 것 같은 기분이었다. 방금 전까지만 해도 그녀는 사모님이었으나 이제는 사장님이다. 사모님과 사장님의 거리를 한순간에 뛰어넘어 버린 것이다. 마치 단거리 선수가 마라톤을 하고 난 듯 그녀는 탈진해 버렸다.

그러나 사실 주주들이 걱정하는 것처럼 그녀가 경영에 아주 무지한 건 아니었다. 최영순도 사업체를 가지고 있었는데 남편의 사업체가 더 성장하여 자신의 회사를 남편 회사와 통합하면서 물러난 것이다. 또한 남편 일을 이따금 도와주기도 했기에 회사 돌아가는 사정 정도는 알고 있었다.

하지만 본격적으로 경영 일선에 복귀한 건 거의 10여 년 만이라, 이렇게 무뎌진 감각과 정신으로 앞으로의 일을 감당해 나갈 수 있을지 솔직히 최영순 자신도 장담할 수가 없었다. 최영순은, 아니 최영순 사장은 정 상무를 돌아보며 힘없이 물었다.

"상무님, 우리가 정말 잘할 수 있을까요?"

"사장님, 조금 더 생각하시지 그러셨습니까? 지분을 모두 넘겨주는 것은 공정한 거래가 아닙니다."

정 상무는 최영순을 사장님이라고 부르고 있었다.

"달리 방법이 없었어요. 주주들을 설득할 방법이 그것

밖에 없지 않습니까? 그걸 받아들이지 않으면 자신 없다는
걸 인정하는 거니까요."

"그렇긴 하지만, 지분을 모두 준다는 것은…… 더군다
나 시간이 2년밖에 남지 않았습니다."

"상무님, 이제 그 얘기는 그만하도록 하죠. 이미 약속한
일입니다. 제가 듣고 싶은 것은 앞으로 어떻게 회사를 운영
해야 하는가입니다. 제가 병원에 있는 동안 상무님이 생각
하셨다는 계획을 얘기해 주세요."

정 상무는 잠시 망설이더니 작은 글씨로 빽빽이 채워진
수첩을 하나 꺼냈다.

"제가 평소에 생각한 것을 적은 수첩입니다. 마지막 몇
페이지에는 최근 한 달 동안의 생각이 담겨 있습니다."

수첩을 꼼꼼히 살펴보던 최 사장이 의아한 듯 물었다.

"조직 내 분위기 혁신, 영업력 강화? 자세히 설명해 주
시겠어요?"

"네, 사장님께서 물어보신 부분이 제가 가장 중요하게
생각하는 부분입니다. 우선 조직개편으로 회사의 분위기를
혁신해야 합니다. 리더가 바뀔 때 가장 먼저 하는 일이 인
사 조치입니다. 구태의연한 관리자는 과감히 구조조정하고
인력배치에도 변화를 주어 활력을 불어넣어야 할 것 같습

니다. 직원들이 힘이 나야 일을 할 수 있으니까요."

정 상무의 말에 최영순 사장은 고개를 끄덕였다.

"상무님이 인력배치 안을 한번 만들어보세요. 되도록 이면 직원들의 의견을 들어보는 것도 좋을 것 같군요. 예를 들면, 직무 전환 신청을 받아서 우선적으로 재배치하는 방법을 생각해 볼 수 있겠네요."

"네, 저도 동감입니다. 두 번째는 매출 증대 방안입니다. 지금 회사의 규모는 매출 300억 원 정도인데 1000억 원 정도는 되어야 재투자로 신규 사업도 할 수 있고 시장을 선도하는 리더 기업이 될 수 있습니다. 그러기 위해서는 연간 목표성장률을 높게 설정하고 영업력을 극대화해야 할 것 같습니다."

매출은 회사의 수익성, 안정성, 성장성을 이루기 위한 출발이 되고 이익 발생의 전제조건이 되는 중요한 지표여서 사람들은 항상 매출로 회사를 평가했다.

"좋습니다. 올해는 매출 증대에 힘을 쏟아야 할 것 같군요. 세부적인 기획안을 경영지원팀에서 세우도록 하세요."

"네, 알겠습니다."

며칠 뒤, 회사 로비 게시판에는 직무 전환 신청을 받는다는 인사공고가 나붙었다.

회계 부서의
벽

홍 대리는 아침부터 기분이 가라앉았다. 2년 후배 조영희는 목소리가 방방 떠 있는 게 기분이 좋은 모양이다. 올해의 영업인으로 뽑혔고 포상으로 중국 여행권까지 받았으니 그럴 만도 했다. 후배가 좋은 실적을 거둔 것은 축하해 줄 일이라 생각하지만 한편으로는 가슴 한쪽이 답답해졌다.

그보다 더 충격적인 것은 동기 김영민의 과장 승진이었다. 후배들은 아무리 잘나봤자 후배지만, 입사 동기들과 경쟁하면서 겪는 스트레스는 고통이었다. 동기들은 신입사원 시절에는 힘이 되지만 나중에는 적이 된다는 선배들의 말이 떠올랐다. 아침부터 영업팀장은 홍 대리의 답답한 마음에 불을 댕겼다. 인생은 단지 몇몇 사람에게만 웃음과 기쁨을 허락하는 것 같았다. 제비뽑기로 승진하는 시대가 왔으면 하는 생각까지 들었다.

"동기들은 벌써 과장 달고 앞으로 나가는데 홍영호 대리는 아직도 이게 뭔가?"

"죄송합니다. 앞으로 열심히 하겠습니다."

홍 대리는 하염없이 비만 내리는 날뿐인 자신의 삶 속으로 기어들어 가듯이 말했다. 그럴 수만 있다면 어디로든 숨고 싶은 마음이 굴뚝같았다. 적자생존이었다. 비교당하는 걸 죽기보다 싫어하는 영호였지만 영업팀에서는 1년 365일이 비교의 연속이었다. 대리 직급도 동기 중에서 막차로 달았고, 대리를 단 후에도 실적은 바닥을 기고 있었다. 매달 영업실적 발표가 있는 날이면 영업팀장에게 불려가는 1순위는 늘 홍 대리였다. 그때마다 혼자 열심히 떠들며 한바탕 볶아대는 팀장이 제풀에 꺾여 지칠 때까지 홍 대리는 듣기만 했다.

홍 대리는 앞으로 나가려고 하지만 한 걸음도 나아가지 못하고 제자리였다. 그는 항상 주류와 다른 곳에 있었다. 그림자가 아닌 진짜가 되고 싶었지만, 점점 실패에 익숙해지고 있었다. 새로운 길이야 찾으면 얼마든지 있겠지만, 그

첫걸음을 어떻게 내디뎌야 할지 알 수 없었다. 저녁이고 주말이고 전화하는 팀장이 너무 보기 싫었다. 정규근무시간은 서류상으로만 존재할 뿐 매일 야근과 주말근무는 끝이 없었고 선배들을 보면 시간이 흘러도 달라질 것 같지 않아 답답해졌다.

홍 대리는 사무실을 나와 옥상으로 올라갔다. 그의 유일한 휴식처인 셈이고, 담배 한 개비는 옥상 위에서 만나는 유일한 벗이었다.

한쪽 끝에서 연거푸 올라오는 담배 연기를 보며 누군가 자신과 같은 심정인 사람이 또 있다는 생각에 동질감을 느꼈다. 담배 연기로 그 답답함을 짐작할 수 있었으니까.

홍 대리는 옥상 한편에 걸터앉아 생각에 잠겼다.

'이제 진짜 뭘 어떻게 해야 하지?'

영업팀장의 말이 생각났다.

'진짜 실패자란 노력조차 하지 않는 사람이야!'

모든 것이 공허하고 무의미하게 느껴졌다. 가슴 깊은 곳에서부터 한숨이 흘러나왔다. 새로운 삶은 늘 저 앞에서 손짓하는가 싶으면서도 어느새 암흑 속으로 사라졌다. 직장 생활이 지겨웠지만, 빠져나갈 데가 없었다.

그때 휴대폰에 메시지가 바쁘게 들어왔다.

'오늘 저녁 8시에 우리 병원 앞에서……'

영주다. 여자의 직감은 무섭다더니. 홍 대리는 자기 마음을 알아주는 것 같은 그녀가 고마웠다.

'응. 저녁에 보자.'

6시, 홍 대리는 주섬주섬 자리를 정리하고 일어날 채비를 했다. 모두 자리에 앉아서 뭔가를 열심히 정리 중인데 혼자만 퇴근하기가 눈치 보였지만, 약속 장소까지 가려면 1시간은 족히 걸리기 때문에 지금 나서야 했다. 사람들이 '일도 못하면서 퇴근은 제일 먼저 한다'고 생각할 것 같았지만 그냥 무시하기로 했다.

홍 대리의 급한 마음도 모르고 택시의 움직임은 더디기만 했다. 특히 백발이 성성한 운전기사의 표정은 느긋했다. 뭐라 한마디 하고 싶었지만, 전혀 통할 것 같지 않아 속으로만 삼켰다.

병원 현관에 도착하자 차창 너머로 밖을 바라보며 기다리고 있는 영주의 모습이 눈에 들어왔다. 오뚝한 콧날과 하얗고 둥근 얼굴의 영주는 멀리서도 눈에 띄었다. 영주의 두 눈이 홍 대리의 두 눈과 마주치며 반짝거렸다. 영주가 한 손을 가볍게 흔들며 미소를 짓자 영호는 걸음을 재촉해 뛰어갔다.

"미안. 늦었지?"

"저녁 뭐 먹을까?"

"저번에 갔던 고추장 삼겹살집 맛있던데, 어때?"

둘은 다정히 손을 잡고 병원에서 한 정거장 떨어진 식당까지 걸어갔다. 홍 대리는 영주와 함께하는 이 시간이 가장 행복했다. 아무리 걸어도 힘들지 않았다.

그러나 한편으로는 오늘 아침 들었던 호통이 머릿속을 비집고 들어왔다. 오늘처럼 실적을 발표하는 날은 마냥 행복해할 수만은 없는 우울함이 들러붙었다.

식당에 도착하자 허기가 밀려왔다. 그 허기는 물리적인 배고픔이 아니라 삶의 허기였다. 고기가 나오기도 전에 홍 대리는 벌써 술을 세 잔이나 비우면서 그 허기를 채워나갔다.

"오빠, 무슨 일 있었어?"

걸어오면서부터 힘없이 처진 홍 대리의 어깨를 보았던 터라 영주가 걱정스러운 표정으로 물었다.

"아니야. 별일 없어."

영호는 간신히 미소를 지으며 다시 두 잔을 연거푸 마셨다.

"천천히 마셔. 너무 빠르다."

영주가 소주를 다시 들이켜려는 홍 대리의 손을 멈춰 세웠다.

"오빠 거짓말 못 하는 거 알지? 회사에서 안 좋은 일 있었다고 얼굴에 다 써 있는데?"

역시 영주의 눈을 속일 수는 없었다. 영호도 결혼까지 생각하고 있는 영주에게 굳이 숨길 이유는 없었다.

"나 회사 옮기면 어떨까?"

영주는 아무 대답도 하지 않았지만, 눈으로는 회사에서 무슨 일이 있었는지를 물었다.

"아니, 그냥…… 내근하는 곳으로 옮겨볼까 하고……. 평생 영업만 할 수는 없잖아."

영호가 할 수 있는 최대한의 핑계였다. 원래 영업직은 이직이 많다는 게 핑계의 가장 그럴싸한 근거였다. 영업이란 자신에게 남는 것 없이 회사 배만 불려주는 일이라는 생각이 들었다.

"그래도…… 그동안 쌓은 경력이 아깝잖아……."

영주는 말을 흐렸다. 직장은 그렇게 쉽게 옮기는 게 아니라고 말하는 듯했다. 백 번 옳은 말이었지만 홍 대리는 진실을 인정하고 싶지 않았다.

"퇴사는 끝이 아닌 과정이야. 내가 하고 싶은 일을 찾고 나와 맞는 회사를 찾는 과정."

'어쩌다 보니' 시작하게 된 일을 '어쩔 수 없이' 반복하는 생활에서 벗어나 진정 가슴 뛰는 일을 찾고 하루하루 생기 넘치는 삶을 살아보고 싶었던 홍 대리는 비장하게 말했다.

"오빠랑 맞는 회사는 어떤 회사인데?"

"응?"

"정말 하고 싶은 일이 뭔지 알고 싶어서?"

영주의 질문에 영호는 숨이 턱 막혔다.

정말 하고 싶은 일이 있어서가 아니라 단지 현실에서 도피하려는 남자친구의 생각을 영주는 대번에 파악했다. 홍 대리는 괜히 말꼬리를 다른 쪽으로 돌렸다.

"우리 회사 영업이라는 게 어느 정도 굴러가는 영업 조직을 만들어놓으면 신규 영업 조직이나 실적이 안 좋은 영업 조직으로 교체해 버리거든. 매출이 받쳐주는 거래처를 만나면 앉아서도 영업을 하는데, 이번에 내가 맡은 거래처들은 어떻게 해도 안 돼. 조직이 문제면 나 혼자 아무리 노력해도 소용없다고. 지금까지 피똥 싸면서 여기까지 왔는데 지금부터는 내가 노력한 만큼 인정받을 수 있는 곳을 찾아볼 거야. 아직 늦지 않았을지도 몰라. 진짜 하고 싶은 일을 찾는다면 잠깐 방황하는 게 그렇게 큰 손실이 아닐 수도 있어. 그래서 다양한 경험을 시도해 보는 거고."

영호가 잠시 말을 멈췄다가 기발한 생각이 난 듯이 동그란 눈으로 물었다.

"사표 쓰고 유튜버나 할까?"

"웬만큼 해서는 본전도 못 뽑는다더라. 유튜버든 뭐든 간에 손에 꼽을 정도가 아니면 힘들다던데……."

영호는 어떻게든 문제를 해결해 보고 싶었으나, 애를 쓸수록 답에서 멀어지는 기분이었다.

"오빠는 이직만 하면 장밋빛일 거라고 생각하네. 근데 하고 싶은 일은 지금 이 회사에서도 할 수 있지 않을까?"

"그럴지도 모르겠다. 이번에 사장님이 바뀌면서 대규모 인사이동이 있을 예정이야. 차라리 이번에 직무 전환을 신청해 보는 건 어떨까 싶기도 해."

"직무 전환하면 어디로 가고 싶은데?"

영호는 잠시 멈칫 하더니 입을 열었다.

"밖으로 돌아다니는 일만 했었잖아. 이젠 사무실에서 숫자 다루는 일을 해보고 싶어. 안전해 보이고 또 힘도 있는 부서잖아."

영주는 아무 말 없이 밥만 먹는 듯하더니 한참 후에야 한마디 툭 던졌다.

"이미 마음은 정한 것 같네. 근데 회사에서 안전한 곳은 없어. 언젠가는 무엇을 할지 스스로 결정해야 해. 그 결정을 남에게 맡기지 마. 남들 말만 듣지 말고 진짜 하고 싶은 것을 하는 게 자기답게 사는 거야."

영호는 영주가 한 말의 의미를 알지 못했다. 그냥 하고 싶은 것을 하는 것이 아니라 결정에는 책임도 함께 따른다는 것을 안 것은 그로부터 한참 후였다.

경영지원팀은 인사이동 마무리 작업으로 분주했다. 원가경쟁력이 떨어지는 제품을 외주로 돌리면서 생산팀에서는 50여 명의 인력이 구조조정됐다. 하지만 분사 형태를 취할 것이기 때문에 큰 반발은 없었고, 오히려 잘됐다고 생각하는 직원들도 있었다.

직무 전환을 신청한 사람은 총 20명 정도로, 대부분은 팀 내에서 자리를 옮기는 수준이었다. 그런데 홍 대리의 직무 전환 신청은 논란의 여지가 있었다. 이토록 색깔이 다른 부서로 지원하는 경우는 전례가 없었기 때문이다.

"영업부서와 경영지원팀 업무가 많이 달라서 힘들지

않을까?"

정태호 상무가 인사담당에게 물었다.

"그렇긴 하지만 경영지원팀에 회계담당이 한 명 부족한 상황입니다. 본인이 원하니 신청을 받았으면 합니다."

인사담당자가 대수롭지 않다는 듯 대답했다. 그러자 신성훈 부장이 고개를 끄덕였다.

"경영지원팀도 다른 영역의 사람들과 교류하는 기회가 필요하고 영업부서에서 현장을 다녀본 경험이 도움이 될 것도 같습니다."

"그래도 전례가 없는 일이라서."

"무슨 일이든 처음 있는 일은 전례가 없으니까요."

홍 대리의 현장 경험이 회계 업무에 도움이 되리라는 게 신성훈 부장의 생각이었다.

신성훈 부장의 생각은 정확했다. 회계는 현장의 비즈니스 흐름을 숫자로 바꿔놓은 것이다. 즉, 회계는 경영을 비추는 거울임에도 회계인들은 경영에는 무관심하고 회계처리에만 관심을 가져왔다. 그래서 경영과 회계가 동떨어지기 시작한 것이다. 경영을 숫자로 바꿔놓은 것이 회계이니 경영은 회계의 어머니이고, 회계를 보면 경영을 알 수 있어야 한다.

본질적으로 회계를 배우는 과정은 영어를 배우는 과정과 다르지 않다. 절대 공부해서는 안 되는 것이라는 점에서 회계와 영어는 닮아 있었다. 우리나라 사람들이 영어 공부를 많이 해도 영어를 못하는 이유는 점수를 얻기 위해서 공부하기 때문이다. 사실 엉어를 세대로 익히려면 공부하는 게 아니라 생활 속에서 영어가 묻어나야 한다. 영어로 듣고 말하고 읽고 쓰는 생활 습관에서 진짜 영어가 가능해진다. 기업의 언어인 회계도 영어와 마찬가지로 앉아서 공부하는 것이 아니라 생활 속에서 회계어로 듣고 말하고 읽고 써야 한다. 즉 회계로 말하고 쓰기 위해서는 수학적 계산이 아니라 경영의 흐름에 올라타야 한다. 그런 점에서 신성훈 부장의 생각은 회계의 본질을 꿰뚫고 있었다.

인사이동은 매우 신속하게 이루어졌다. 다음 날 인사이동 공고가 났고, 각 부서에 공문이 보내졌다.

경영지원팀으로 출근하는 첫날, 지금까지 수없이 드나들었던 회사인데도 오늘은 정문마저 달라 보인다고 홍 대리는 생각했다.

경영지원팀 사무실의 풍경은 영업팀과는 사뭇 달랐다. 영업팀은 고객과 통화하거나 약속된 고객을 만나러 가는 사람들로 분주한 반면, 경영지원팀은 상무님만 자리를 비웠을 뿐 나머지 직원들은 자리에서 제각기 무언가를 열심히 하고 있었다. 직원들 사이에는 외부의 공격으로부터 자신만의 세계를 보호하겠다는 듯이 높은 파티션이 성벽처럼 우뚝 서 있었다. 그들은 집안의 가구처럼 함께 있지만 말도 하지 않을 것처럼 그저 각자의 자리에 있을 뿐이었다. 자신들의 구역에 금을 긋고 선을 넘지 말라는 듯한 표시를 하고 있었다. 우리 안에 갇혀 있는 것처럼 지루하고 따분해 보였다.

홍 대리는 성처럼 높이 솟은 파티션을 가로질러 신성훈 부장에게 인사를 하러 갔다.

"안녕하십니까? 오늘부로 경영지원팀으로 발령 난 홍영호 대리라고 합니다."

"아! 자네가 홍영호 대리인가? 어서 오게."

신 부장이 호탕하게 웃으면서 반가워했다. 신 부장은 주식과 부동산으로 돈을 많이 번 사람이었다. 덕분에 사내에서는 모르는 사람이 없을 정도로 유명했다.

"상무님은 지금 자리에 안 계시니 나중에 인사하도록 하고. 팀원들과 먼저 인사하게."

신성훈 부장은 사무실을 돌면서 사람들에게 홍 대리를

소개했다.

배석재 차장은 고개를 책상으로 향한 채 눈동자만 위로 올려서 홍 대리를 올려다보았다. 고지식하고 깐깐해 보이는 인상이 홍 대리가 항상 생각해 왔던 회계인들의 모습 그대로였다.

바로 옆 자리의 이현숙 주임이 홍 대리의 자리를 알려주고는 업무에 필요한 몇 가지 서류를 건네주었다. 막 자리에 앉으려고 하는데 뒤에서 들려오는 배 차장의 말이 홍 대리를 자극했다.

"회계담당 요청했더니 영업하는 친구를 보내주고…… 인사팀도 완전 포기한 거 아냐?"

웅얼거리며 내뱉은 혼잣말이었지만 잔뜩 긴장하고 있던 홍 대리에게 그 말은 가시처럼 박혔다. 홍 대리가 잘못 들은 게 아님을 확인이라도 해주려는 듯 인사담당자도 한마디 던졌다.

"이미 결정된 사안을 가지고 왜 또 그러십니까? 그렇게 불만이 있으셨다면 인사 회의 때 말씀하시지 그랬어요?"

박철진 대리였다. 그는 다른 사람에 대한 배려가 부족하고 자기 일에만 관심을 갖는 사람이었다. 짧은 대화만으로 배 차장은 홍 대리를 쓸모없는 존재로 만들었고, 박철진 대리는 홍 대리를 초라하게 만들었다.

　그나마 이현숙 주임이 반갑게 인사하며 홍 대리를 살갑게 맞아주었다. 그녀는 말쑥한 차림에 도도한 면이 있었지만 깔끔하고 친절했다. 이 주임은 배 차장과 함께 회계 업무를 맡고 있었다.

　첫 출근에 설레던 마음이 사라지고 사람들을 만나면서 왠지 모를 고독이 밀려왔다. 결국 제자리걸음이라는 생각에 홍 대리의 마음은 자꾸만 무겁게 가라앉았다.

회계에도
고객은 있다

경영지원팀에 있노라면 회사 돌아가는 상황이 빤히 보였다. 회사 내 여러 부서는 물론 지방에 있는 생산공장이나 해외 영업지점의 정보가 모두 경영지원팀에 모여들기 때문이다. 그러나 아직까지 홍 대리에게 경영지원팀의 모습은 너무 관습적이었고, 각종 보고서들의 숫자는 죽어 있는 듯 무의미해 보였다.

항상 공부하듯이 집중해서 신문을 보는 신성훈 부장의 모습이 가장 먼저 눈에 들어왔다.

"신 부장님, 오늘은 무슨 좋은 기사 있나요?"

홍 대리는 신성훈 부장에게 좋은 투자 정보나 들을 요량으로 먼저 다가가 말을 붙였다.

"요즘은 좋은 일보다 나쁜 일이 많아서 안타깝지."

신성훈 부장은 어지간해서는 긍정적인 생각과 말만 하고, 걱정과는 도통 거리가 멀었는데 오늘은 전혀 다른 사람처럼 말했다.

"네? 뭐가요?"

"태웅건설 말이야."

"아, 비자금 사건요?"

요즘 세간을 떠들썩하게 하고 있는 비자금 사건 얘기였다. 태웅건설은 공사 도급액을 높게 책정하고, 계열사 간 연대보증 등의 방식으로 계열사를 부당하게 지원했다. 이 과정에서 회장과 경영진이 비자금을 조성했다는 의혹을 받고 있었다. 또한 태웅건설이 자재를 수입하는 과정에서 해외 계열사가 중간에 끼어들어 수수료를 빼돌린 자금을 해외 부동산 투자와 선물옵션 투자에 사용한 혐의도 받고 있었다.

전문경영인이었던 CEO는 재임기간 동안 목표 실적을 맞추기 위해 숫자를 바꿔가며 회계 프로그램에 넣어보고 이에 맞춰 회계장부를 조작했다. 이렇게 조작한 실적으로 금융기관을 속여 대출을 받아냈고 경영진에 대한 평가와 성과급 지급을 위한 근거로 사용했다는 것이 주 내용이었다.

"홍 대리는 이 사건을 어떻게 생각하나?"

신성훈 부장이 물었다.

"글쎄요, 회삿돈을 개인 돈처럼 사용한 것은 문제지만…… 태웅건설이라면 우리나라 굴지의 회사이고 수출도 많이 하잖아요. 정부와 시민단체가 너무 요란을 떠는 건 아닌가 싶기도 하고……. 태웅건설이 그동안 기여한 공도 있고, 또 앞으로 나라 경제에 미칠 영향도 생각해야 하지 않을까요?"

홍 대리는 기자가 쓴 마지막 구절을 자신의 의견인 것처럼 옮겨서 말했다. 그동안 기업 비리에 대해서는 관용을 베풀어왔던 것이 사실이었다.

"기업은 배임횡령 같은 스캔들이 발생하면 기부금을 늘리는 쇼를 하잖아요."

"기부금도 안 내면 아무것도 안 한다고 뭐라고 할 거 아닌가요? 뭐라도 해야 성의라도 보인다고 말할 것 같은데요."

"친인척을 아무 일도 하지 않는 감사로 임명해서 월급과 차에 신용카드까지 줬고, 이번에 문제가 터지니 회장이 가족 명의로 된 주식의 90퍼센트를 사회에 환원하기로 약속했다던데, 그것도 말이 많다면서요?"

이현숙 주임이 불쑥 대화에 끼어들었다. 태웅건설은 경영에 참여하지 않은 장남과 딸들에게 수년간 급여로 수백억 원을 지급해 온 점도 수사받고 있었다.

"그것도 안 하는 재벌이 얼마나 많은데요. 나 같으면 1000억 원의 1퍼센트만 있어도 그 고생 안 한다. 평생 놀고 먹어도 될 돈인데 뭐 하려고 저 고생을 하면서 돈은 돈대로 쓰고 욕은 욕대로 먹는지 모르겠어."

인사기록부를 정리하던 박철진 대리도 불만 가득한 투로 말했다.

"정말 박 대리님다운 말씀이네요. 항상 돈만 생각한다니까. 사장이 돈 있다고 마음대로 회사를 그만둘 수 있어요?"

이현숙 주임이 박 대리의 말을 잘랐다. 거수기 역할만 하는 사외이사제가 황제 경영의 견제장치 역할을 하지 못하고 주주총회도 제 몫을 못 하고 있는 상황에서 총수들은 쥐꼬리만 한 지분으로 덩치만 커진 기업의 지배력을 유지하고자 무리수를 두고 있었다. 일부 기업에서는 비자금 관리를 위해 따로 비밀장부를 만들어 비공식적으로 관리한다. 그 때문에 회계감사에서도 쉽사리 드러나지 않았고, 어떤 경우는 회계사와 결탁해 전문적으로 장부를 조작하기도 한다.

신성훈 부장은 이런 한국식 오너 경영의 문제점을 생각하며 입을 열었다.

"물론 태웅건설이 국가 경제에 도움을 주었다는 것은 큰 공임에 틀림이 없지. 그러나 이번 사건은 우리나라 기업에 대한 신뢰를 무너뜨리는 일이야. 신뢰는 투명할 때 생기는 법이지. 직원들이 재주는 원숭이가 부리고 돈은 엉뚱한 사람이 가져간다고 생각하는 순간, 회사에 대한 신뢰는 땅에 떨어져 버리거든."

이현숙 주임이 따지듯이 말했다.

"우리나라 국민들이 너무 부자들을 싫어해서 그런 거 아닌가요? 요즘 태웅건설이 너무 잘나가니까 시기하는 사람들이 많았는데 비자금 사건이 터지니까 물불 안 가리고 죽이려 드는 거죠. 자기들한테 직접적으로 피해 준 것도 없는데……."

"직접적으로 피해 준 것이 없다?"

신성훈 부장은 다시 생각에 잠겼다가 입을 열었다.

"기업은 경제를 이끌어가는 시스템의 하나야. 여기에는 많은 이해관계자들이 얽혀 있다고. 만약 태웅건설이 무너지기라도 한다면 가장 먼저 협력사에 줘야 할 채무가 동결되고 수많은 협력사, 주식투자자, 금융채권자들이 2차 희생양이 될 수 있어. 한번 거짓말을 하면 설사 진실을 말해도 믿지 못해. '코리아 디스카운트'가 생기는 것도 우리나라의 투명성이 낮아서 신뢰도가 떨어져서라니까. 우리나라 기업이나 지도층들 좀 보라고. 도덕의식이나 직업윤리가 실종돼서 신뢰가 추락하고 있잖아. 보스만 있고 리더는 없는 셈이지."

신 부장이 계속 말을 이었다.

"우리나라는 국제회계기준IFRS을 일찍 도입했지만 아직도 회계경쟁력이 최하위에 머무르고 있어. 회계투명성을 높이기 위해 도입했는데도 말이야. 사람들은 회계투명성이 윤리적인 개념이라고 말하는데, 글쎄, 난 이익을 최대화하는 경제적인 개념을 놓치지 말아야 한다고 생각해. 더 나아가서 회계는 기업의 성공한 역사를 나열하는 데 그치지 않고 성공하지 못한 역사에 대해서도 말해야 해. 우리 눈에 비치는 현실이 폐허일지라도 그것을 냉정히 응시하고 묘사하는 것이 회계인의 의무지."

회계는 기업이 만들어낸 행적들이 시간이 지나면서 잊히고 사라지는 것을 막기 때문에 기업의 역사를 보여주는 것이라는 말이었다.

"그리고 말이야, 회계의 투명성이 떨어지는 책임은 회사뿐만 아니라 주주나 채권자에게도 있어. 분식회계 문제가 불거질 때마다 기업 경영자와 회계법인에 비난이 쏟아지는 것은 당연하지. 그러나 문제가 생기기 전에는 아무런 관심도 없다가 문제가 생기면 당사자에게 책임만 묻는 주주나 채권자도 잘못이 없다고는 할 수 없어. 우리나라에 비해 외국의 회계투명성이 높은 이유는 이해관계자들이 우리나라보다 회계에 더 큰 관심을 갖기 때문이지. 부정을 줄이려면 금융당국, 주주, 채권자 모두 더 빈번하게 재무제표를 들여다봐야 해."

신 부장의 이야기를 들으며 홍 대리는 여러 생각이 들었다. 회계에는 자신이 생각하던 것 이상의 의미와 이야기들이 담겨 있었다. 신성훈 부장이 화제를 바꾸며 말했다.

"우리 회사를 예로 들어보자. 우리 팀은 회사에서 어떤 존재일까? 박 대리, 자네는 어떻게 생각하나?"

박 대리는 난데없는 질문에 잠시 머뭇거리다가 삐딱하게 답했다.

"별로 재미없는 팀이죠. 아무리 잘해도 인정 못 받고 문제라도 생기면 모든 책임만 뒤집어써야 하는 팀이잖아요.

사람이 하는 일인 데다 숫자를 다루다 보면 조금만 실수해도 곧바로 드러난단 말이에요."

사실 홍 대리가 그간 생각해 오던 회계부서 이미지도 썩 좋지만은 않았다.

"영업부서에 있을 때 저도 솔직히 경영지원팀에서는 왜 '언제까지'를 자꾸 강조하면서 잔소리를 하는지 모르겠다는 생각을 했어요. 영수증을 언제까지 안 가져오면 현금 정산을 못 해준다, 증빙을 잘못 받아 왔다…… 너무 빡빡하다고 생각했거든요."

신성훈 부장이 고개를 끄덕이며 말을 받았다.

"경영지원팀은 경영을 지원하는 팀이어야 하는데 우리 스스로 회사 안에 성을 쌓고 있었다는 거지?"

홍 대리는 경영지원팀으로 처음 출근하던 날부터 생소하게 여겨졌던 파티션이 떠올랐다. 영업부서에서 온 자신에게는 경영지원팀에 있는 사람들이 높은 성벽을 쌓고 그 안에서 힘을 과시하는 것처럼 느껴질 때가 많았다. 어깨에 잔뜩 힘이 들어간 채, 회계를 이해하지 못하는 다른 사람들에게 선고를 내리는 것 같다는 생각도 들었다.

신 부장은 계속해서 말을 이었다.

"회계는 회계를 다루는 사람의 것이 아니라 회계를 필

요로 하는 사람의 것이 되어야 해."

"무슨 말인지 이해하기 힘들어요."

이현숙 주임의 어려워하는 듯한 표정에 신성훈 부장이 물 흐르듯이 말을 이어갔다.

"우리는 태엽을 감아 수동적으로 움직이는 기계처럼 회계기준에 따라 일을 하는데, 이는 장부를 기입하는 부기 Book keeping일 뿐 진정한 회계는 아니야. 많은 회계인이 자신의 범주와 관점에만 갇혀 있어. 부기가 단순히 장부에 정리하고 재무제표를 작성하는 것이라면, 회계는 합리적으로 판단하고 의사결정을 할 수 있도록 회계 정보를 전달하는 과정이야. 회계를 재무제표를 활용하는 데 초점을 두어야 하는 큰 개념이지."

"각자가 맡은 역할이 있고 우리는 우리 역할에 따라 회계 자료를 만들어요. 회계는 소문이나 추측이 아닌 명확한 증거에 따라 생각해야 하잖아요. 그것을 보느냐, 보지 않느냐는 각자의 선택 아닌가요?"

이 주임이 숫자로 된 글을 읽을 줄 모르는 직원들을 어떻게 해야 하느냐는 듯한 표정으로 말하자, 신 부장은 홍 대리에게 되물었다.

"홍 대리, 영업부서에서 고객을 만나보면 어떤가? 고객이 항상 우리에게 호의적이던가?"

홍 대리는 어깨를 으쓱하며 대답했다.

"사실 대부분이 적대적이죠. 그렇지만 한 번 만나고 두 번 만나고…… 그렇게 자주 만나다 보면 벽이 허물어지죠. 자주 만나서 고객이 원하는 것을 듣다 보면 고객이 마음의 문을 열어요. 우리 제품을 홍보하지 않아도 그들이 자신의 이야기를 하기 시작하면 거의 계약이 성사된 거나 마찬가지고요."

홍 대리는 영업 노하우를 자랑스럽다는 듯 말했다.

"그렇다면 우리 팀의 고객은 누구일까?"

"우리는 지원부서인데 고객이라는 개념이 있나요?"

홍 대리가 모르겠다는 얼굴을 했다.

"고객이란 우리 서비스를 필요로 하는 사람이야. 고객 顧客에서 '고顧'는 돌본다는 뜻이고 '객客'은 손님이란 의미니까 고객은 우리가 '돌봐야 할 손님'이라고 볼 수 있겠지. 서비스에 대한 대가를 직접 지불하는 고객도 있지만 다른 형태로 우리에게 도움을 주는 고객도 있는 거고……. 그런 면에서 본다면 회사의 직원도 우리 고객이라고 할 수 있어."

회계의 고객은 은행이나 주주, 채권자, 정부기관 등 회사의 모든 이해관계자다. 그중에서도 신성훈 부장은 임직원이 가장 중요한 정보이용자이며 고객이라고 말하고 있었다.

박 대리가 볼멘소리를 했다.

"직원들은 우리 서비스를 별로 필요로 하는 것 같지 않던데요. 오히려 직원들을 감시하고 달달 볶는 감시관쯤으로 생각하겠죠."

신성훈 부장은 그 이야기가 나올 줄 알고 있었다는 듯 미소를 지으며 말을 이어나갔다.

"고객이 회계 자료를 읽지 않는 건 자유지만 회계 정보를 제공하지 않는 건 우리 자유가 아니지. 고객은 우리의 서비스를 어떻게 활용해야 하는지 모르고 있을 뿐이야. 회계 정보는 우리 시각이 아닌 고객의 시각에서 이해하고 기록해야 해. 시계의 구조를 알려고 하지 말고 시곗바늘을 봐야 하는 것이지. 한데 회계인들은 이런 고객을 외면한 채 회계처리를 어떻게 할 것인가의 문제로 자신의 역할을 제한하고 있어. 여기에서 경영과 회계의 근본적인 괴리가 생기고 본질을 제대로 볼 수 없게 되지. 경영이라는 평원으로 나가야 하는데, 자기가 사는 막사 안이 경영의 전부인 줄 알고 있어."

홍 대리는 거의 넋을 놓고 신 부장의 말을 듣고 있었다.

"회계를 배우는 데 사람이 현장의 뜻을 헤아리지 못하면 무의미한 노력을 거듭할 뿐이야. 회계인은 고객에게 재무 상태와 경영 성과를 제대로 보여주고 고객들이 데이터를 기반으로 전략적 의사결정을 내리도록 지원할 수 있어야 해."

신 부장은 회계인에게 필요한 것은 회계 지식이 아니라 회계로 대화할 수 있는 지혜임을 강조하고 있었다. 회계인이 현업 부서에서 가져온 영수증이나 전표만 정리하고 있다면 이는 반쪽짜리 회계가 될 수밖에 없다는 것이다. 어렵기만 하고 뜻이 안 통하는 회계는 아무 쓸모가 없다. 회계인들은 회계인들이 아니라 이해관계자들로부터 사랑받는 것을 목표로 해야 한다. 숫자만 보는 것과 그 숫자를 만들어낸 현장을 직접 보는 것은 아주 미세한 부분부터 큰 부분까지 완전히 다르다. 경영을 보지 않고 숫자를 보는 것은 허상일 수밖에 없다.

신 부장은 회계를 제대로 보려면 현장에 발을 굳게 딛고 현장을 본질적으로 깊이 이해해야 한다고 말했다. 회계가 어렵고 재미없는 것은 회계를 통해 현장을 보지 않거나 현장을 모르고 회계만 하기 때문이다. 그저 기계적으로 외워서 하는 회계처리는 아무 이익도 없다. 즉, 회계는 고객인 회계 정보이용자와의 관계를 통해서만 존재 의미가 있다. 특히 ESG 경영에서는 환경Environment, 사회Social, 지배구조Governance 등에 얽힌 다양한 이해관계자를 고려하지 않고서는 회사가 지속적인 이익을 얻지 못하고, 회계부서에서는 각각의 이해관계자에게 어떤 정보를, 어떻게 제공할 것인지에 대한 답을 준비하고 있어야 한다.

홍 대리는 신 부장의 말이 무슨 뜻인지 선뜻 이해가 되지 않았다. 회계에도 고객이 있다니. 영업팀을 피해 여기에 왔는데 경영지원팀도 영업팀처럼 돌아가야 한다는 말인가 싶어 혼란스럽기까지 했다.

"부장님, 영업팀과 경영지원팀은 업무 자체가 다르지 않나요? 생산부서나 영업부서 사람들은 회계라면 자기랑은 아무 상관도 없다고 할 것 같은데요. 사실 저도 그랬으니까요."

"그것 역시 우리 잘못이야."

이현숙 주임이 여전히 못마땅하다는 듯 신성훈 부장에게 물었다.

"또 우리 잘못이라고요? 증빙을 제때 안 챙겨주고 결산 자료도 늦게 주는 그 사람들이 잘못하는 건 아니고요?"

"고객에게 잘못이 있다면 그것은 우리가 고객과의 관

계 형성에 실패했다는 의미이기도 해. 우리는 분명 현업 부서를 위해서 존재하는데 우리 스스로 쌓은 울타리 안에만 있다 보니 울타리 밖의 일은 거의 잊게 된 거지. 우리 팀이 하는 일을 직원들이 잘 알 수 있도록 알리지 못한 게 잘못이라는 거야. 직원들은 회계정보에서 소외되고 있어. 회계는 이해관계자들에게 회계정보가 가닿게 할 의무가 있어. 단순히 정보를 전달하는 것뿐만 아니라 그 효용과 필요까지도 깨닫게 해야 하는 거야."

신성훈 부장은 회계인들이 다른 사람들이 접근할 수 없게 폐쇄회로 속을 살아가는 집단처럼 자신들만을 위한 회계를 하고 있다고 지적했다. 회계를 너무 어렵고 복잡하게 만들어버린 것이 그 증거였다.

회계는 그림이다. 경영을 정밀묘사한 것이 아니라 스케치한 그림이다. 스케치는 간단히 표현하는 것이지만 그렇다고 대강 그리는 것은 아니다. 그리고자 하는 경영의 형태를 정확하게 포착하여 표현하고자 하는 대상이 드러나게 그려야 한다.

그런데 회계인들은 스케치가 아닌 정밀묘사만 하려고 했다. 관습과 습관의 덫에 걸려 항상 복잡하게 그리지만, 그리고자 하는 대상이 제대로 표현되지 않고 있었다. 이로 인해 회계는 복잡해져서 읽는 사람에게 고통을 주고 있었다. 회계인이 할 일은 재무제표를 자세히 만드는 것이 아니라 숫자라는 매개체로 사람들과 소통하는 것이다. 따라서 회계인의 능력은 경영 현장을 얼마나 잘 이야기할 수 있는가에 달려 있는 셈이다.

신성훈 부장은 고객을 위한 회계를 찾다 보면 모든 회계원리가 해결된다고 강조하며, 회계인이 잠자는 직원들을 깨우고 회사를 굴러가게 하는 경영의 제1원칙으로서 회계의 원리를 알려야 한다고 말했다.

"회계는 고객에게 유용한 정보를 제공하기 위해 존재하는 것이니 회계인들이 고객 입장에서 생각하면 모든 회계처리는 간단해지게 돼 있어. 경영을 아우르는 올바른 의미의 숫자는 현장에 있는 법이야. 사람들이 회계를 어려워하는 이유는 경영과 회계의 연결 과정보다는 회계처리 자체만을 보기 때문이지."

"고객을 위한 회계라는 게 어떤 의미인지 잘 모르겠어요."

"회사에서 유가증권을 구입했다고 해보자고. 당연히 유가증권을 얼마에 샀는지 재무상태표에 기록해야겠지. 그런데 나중에 유가증권의 시가가 두 배로 뛰었다면 이 회사의 재산을 얼마로 기록하는 것이 고객들에게 유용한 정보일까? 취득원가일까? 두 배로 뛴 시가일까?"

"당연히 시가겠지요."

홍 대리가 얼른 대답했다.

"맞아. 그러니 재무상태표에는 유가증권을 시가로 표시해야겠지. 시가가 두 배로 뛰었으면 이것을 손익으로 표시해야 하고. 그런데 유가증권 시가가 뛰었다고 진짜 돈을 벌었다고 할 수 있을까?"

"글쎄요. 팔기 전까지는 좀 불안하죠. 언제든 시가는 떨어질 수 있으니까요."

홍 대리 말에 박철진 대리가 반박하고 나섰다.

"그렇지만 시가가 그렇게 금방 떨어질 것 같지는 않은데요. 주식도 장기투자를 할 주식과 곧 팔아버릴 주식에 따라 다를 것 같아요."

신 부장이 말을 이어받았다.

"두 사람 말이 다 맞아. 단기매매증권처럼 매매가 잦은 자산은 시세차익을 곧바로 기록해도 곧 실현될 수 있지만, 매도가능증권이나 만기보유증권처럼 장기투자할 자산들의 시세차익을 손익에 넣으면 오히려 고객들을 혼란스럽게 할 수 있지. 그게 고객을 위한 회계야."

신 부장은 전통적인 회계의 형식과 관습을 거부했다. 홍 대리에게 신 부장의 말은 전부 새롭게 들렸다. 영업팀에 있을 때 회계는 거리의 자동차 소리처럼 아무 의미 없는 소음일 뿐이었다. 그런 홍 대리에게 지금의 부서는 회계의 의미를 배우는 일종의 교육장 같은 곳이 되었다.

신 부장은 '회계는 숫자가 아니라 비즈니스'라고 강조하며 '회계처리보다 경영의 흐름에 집중하라'고 말하고 있었다. 회계는 곧 회사이므로 회계를 알지 못하면 회사를 알 수 없다. 그동안 회계를 숫자라고만 생각하고, 숫자를 잘 아는 사람만이 회계를 해야 한다고 생각한 건 너무 단순한 착각이었음을 처음으로 깨닫게 됐다.

홍 대리가 갑자기 생각난 듯 신 부장에게 물었다.

"그런데 태웅건설 사건 얘기하다가 어떻게 우리 팀 이야기로 연결된 거죠?"

"태웅건설 문제도 경영지원팀의 문제일 가능성이 아주 높아. 돈과 관련되어 있는 경영지원팀이 그 문제를 몰랐을 리 없을 거야. 회장의 지시라서 어쩔 수 없었다고 쳐도 책임이 전혀 없는 건 아니지. 회계부정의 문제와 영향에 대해 잘 알려주지 못한 책임이 있거든. 사람들은 책임질 일을 하기 싫어하기 때문에 책임 소재가 분명해지는 것을 꺼리게 되는데, 이런 사람이 많아지면 회사는 쇠퇴할 수밖에 없어. 태웅건설 문제는 회계인으로서 가장 중요한 것을 잊으면 어떻게 되는지를 보여주고 있어. 진실을 일관되게 말하는 것이 좋은 회계인데 말이야. 회계는 기업을 썩지 않게 하는 방부제 역할을 해야 하는 거지."

신 부장의 말을 들으니 회계는 경영의 두 가지 얼굴을 보여준다는 생각이 들었다. 하나는 경영의 실제 얼굴, 다른 하나는 그 시대에 현장에 있었던 사람들이 바라는 경영의 얼굴이었다. 신 부장의 말처럼 회계는 경영을 있는 그대로 보여줘야 하지만, 있는 그대로를 말하는 건 쉬운 일이 아니었다. 그래서인지 문제가 생겼을 때 따지고 보면 있는 그대로를 말하지 못해서인 경우가 많았다. 회사의 진실을 있는 그대로 알려주는 것은 해도 되고 안 해도 되는 '권리'가 아니라 반드시 해야만 하는 '의무'라는 생각이 들었다.

산에 올라가면 산을 볼 수 없다. 오히려 산에서 내려와야 산이 제대로 보인다. 떨어져 있어야 내가 처한 상황이 객관적으로 보이는 법이다. 우리는 평생 내 뒷모습을 볼 수 없지만 다른 사람은 내 뒷모습을 정확하게 보는 것처럼, 경영을 제대로 보려면 경영 안에서 볼 것이 아니라 숫자를 통해서 봐야 했다. 숫자는 사람들의 행동과 생각과 목표를 정당화하기 위한 언어였다. 숫자란 때로는 회사의 앞을 내다보고, 때로는 뒤를 돌아다보며 경영에 대해 이야기하는 비즈니스 언어인 것이다.

신 부장이 다시 말을 이었다.

"신용을 목숨처럼 여긴 옛날 개성상인들은 장부를 기록할 때 '천은상길진天恩上吉辰'이라고 썼다고 해. 이것은 내가 벌어들인 것이 하늘의 은혜이므로 성실히 기록하고 거짓이 없는 장부를 만든다는 정신으로 정직의 중요성을 압축한 표현이라고 할 수 있지."

팀원들이 이런 대화를 나누는 동안에도 자기 자리에서 뭔가를 열심히 계산하고 있던 배 차장이 신성훈 부장 주위에 모여 있는 사람들을 바라보며 뚱하게 한마디 했다.

"이 주임, 자금정산 다 했어요? 오늘까지 상무님께 보고해야 하는 거 잊지 않았죠?"

순식간에 분위기가 어색해졌다. 신성훈 부장도 배 차장을 의식한 듯 자리를 정리했다.

"자자, 이제 모두들 자리로 돌아가 일합시다. 그리고 오늘은 홍 대리 환영회 겸 간단히 회식이나 하지."

신 부장이 회식하자는 말을 했다가 조심스럽게 다시 되물었다.

"아참…… 다들 회식 괜찮나?"

배 차장이 낮은 톤의 목소리로 말했다.

"회식도 팀빌딩을 위한 업무의 연장이라고 생각합니다만……."

"회식이 업무의 연장이라고요? 그럼 야근수당 주나요?"

이 주임의 말에 모두가 신 부장의 눈치만 봤다.

신 부장이 다시 제안했다.

"그럼 점심 때 회식하지. 퇴근 전에는 끝날 테니까. 그리고 저녁에 한다면 관람이나 체험활동으로 회식문화를 바꾸는 것도 좋을 것 같군."

신 부장의 말에 박 대리와 이 주임이 물개 박수를 쳤다.

그러나 홍 대리는 그보다 신 부장의 이야기가 계속 머릿속에서 맴돌았다. 회계에는 분명 배 차장이 지시한 자금 정산이나 단순한 회계 지식보다 더 중요한 뭔가가 있다는 생각이 들었다. '시계 구조를 보지 말고 시곗바늘을 보라'는 신 부장의 말이 뇌리를 떠나지 않고 있었다.

부자는
자산을 사고
빈자는
비용을 산다

점심 회식은 회사 앞 곱창집에서 하기로 했다. 팀원들은 끼리끼리 모여 앉아 서로 공감할 만한 주제로 대화를 나누었다. 경영지원팀에 온 지 얼마 되지 않아 사무실에서는 말을 아끼던 홍 대리도 조금씩 영업팀에서 일했던 본능이 나오면서 말이 많아졌다.

"부장님은 왜 회사에 다니세요? 돈이 많으시니 일은 그만하셔도 될 것 같은데요."

신성훈 부장은 살아가는 데 필요한 모든 것을 가진 사람처럼 보였다. 그에게서는 메마르다는 느낌은 전혀 찾을 수 없었다.

"돈은 중요한 게 아니야."

박철진 대리가 받아쳤다.

"있을 때는 그렇겠죠."

박 대리의 볼멘소리에 신성훈 부장은 호탕하게 웃으며 말했다.

"경제적으로만 본다면 일할 필요는 없겠지. 하지만 인생의 목적이 꼭 돈은 아니잖아."

"저도 부장님처럼 돈이 많으면 좋겠어요. 돈 때문에 쪼들리면서 일하는 거 말고 진짜 하고 싶은 거 하면서 살게요. 부장님이 부자 되는 방법 좀 알려주세요."

이현숙 주임이 불쑥 말을 던지자 옆에 있던 홍 대리도 귀를 쫑긋 세우고 신성훈 부장의 대답을 기다렸다.

"신 부장님이 제일 부러워요. 내가 신 부장님이라면 당장 회사 그만둡니다. 에휴……."

박철진 대리가 이야기 중간에 끼어들었다. 박 대리는 능력 있는 아내를 만나 소위 '셔터맨' 역할을 하면서 사는 것이 인생의 목표라고 공공연하게 말하곤 했다.

"부자와 빈자의 차이점이 뭔지 아나?"

신성훈 부장의 질문에 홍 대리가 눈만 멀뚱멀뚱 뜨고 있자 옆에 있던 박철진 대리가 대신 답했다.

"돈이 많은 사람은 부자, 돈이 없는 사람은 빈자죠, 뭐."

"돈이 많으면 좋겠지만 돈 그 자체가 목표가 되는 것은 경계해야 해."

신 부장은 박 대리의 대답에 미소를 지으며 말을 이어 갔다.

"재산의 많고 적음이 부자와 빈자의 기준이 될 수는 없어. 가난해도 자신의 재산에 만족하면 부자지만, 아무리 재산이 많아도 만족하지 못하고 더 많은 돈에 집착하면 그 삶은 가난해지는 법이거든."

팀원들이 자신의 이야기에 귀를 기울이자 신 부장은 자세를 한번 가다듬었다.

"오늘은 우리 부서 회식이니까 회계적 관점에서 부자와 빈자의 차이를 이야기해 볼까? '부자는 자산을 사고 빈자는 비용을 산다'는 말이 있네. 회계 업무를 맡고 있는 사람은 자산과 비용의 차이점을 알 거야. 미래에 수익을 가져다주는 주식이나 금융 상품, 부동산 등은 자산이고, 미래에 수익을 가져다주지 못하는 지출은 비용이야."

부자는 자산을 많이 가진 사람이라는 것이 신 부장이 말한 핵심이었다.

자산에는 당좌자산, 재고자산으로 나뉘는 유동자산과 투자자산, 유형자산, 무형자산 등으로 분류되는 비유동자산이 있다. 비용에는 매출원가나 판매비와 관리비, 영업외 비용이 있다. 여기까지는 단순히 기계적으로 배우고 암기한 내용이다. 그런데 이보다 중요한 건 자산과 비용의 차이를 아는 것이다.

신 부장은 자산에 대해 설명하면서 '미래'라는 단어를 특히 강조했다. 단지 돈을 벌어 오는가, 그렇지 않은가의 차이보다 미래의 수익 발생 여부가 중요하다는 의미였다.

신 부장은 계속해서 말을 이어나갔다.

"부자는 대부분 숫자에 중독된 것처럼 회계 장부를 써. 무엇을 봐도 숫자로 생각하는 습관이 있지. 우리가 하는 회계도 마찬가지야. 회계는 결국 돈 계산인데, 우리 일상 중 돈과 연결되지 않은 것은 거의 없잖아. 그래서 회계 울렁증이 있다면 부자가 될 수 없지. 부자치고 회계를 모르는 사람은 없어. 대부분 자기 생활은 회계와 관련 없다고 생각하지만, 사실 우리 삶 속에 회계는 공기와도 같은 법이지. 그런 회계를 제대로 실천하는 사람이 많지 않기 때문에 소수만이 부자가 되는 거야."

모두들 신성훈 부장의 한마디 한마디에 집중하고 있었다.

"돈을 잘 버는 사람도 돈을 잘 관리하는 사람을 당해낼 수는 없어. 사실 부자는 돈을 많이 버는 사람이라기보다는 돈이 들어오고 나가는 흐름을 잘 관리하는 사람이거든. 자네가 부자가 아니라면 돈 관리부터 해야 해. 마찬가지로 회사가 가난하다면 회계를 못하고 있는 거고.”

회계는 곧 ‘돈의 언어’라는 의미였다. 부자는 단순히 돈을 많이 버는 사람만을 뜻하지 않는다. 진정한 부자는 돈을 벌기 위해 고민하지 않아도 될 만큼의 돈을 이미 벌고 있기 때문에 돈을 ‘어떻게 벌까’보다 ‘어떻게 쓸까’를 고민한다. 그렇기에 부자에게는 돈 관리가 더 중요한 것이다.

회사에서는 재무제표로 돈을 관리한다. 재무제표에는 크게 재무상태표와 손익계산서가 있는데, 재무상태표는 자산과 부채에 대한 정보를, 손익계산서는 회사의 경영 성과에 대한 정보와 돈의 흐름을 보여준다.

신 부장의 설명은 계속됐다.

“상대와 나에 대해 자료를 충분히 모으고 분석해 실제 상황을 객관적으로 그려보는 작업이 ‘계산’이야. 이런 계산이 있다면 실전에서 나오는 위험은 대부분 관리가 가능하겠지. 회계를 자기 생활과 연결시키고 과거를 합리적으로 분석하고 비판하면서 더 나은 미래를 고민하는 회계가 생활회계인 거야.”

신 부장의 말을 들어보니 그가 그냥 부자가 된 건 아니었다. 돈을 정리하는 습관에 그 비밀이 있었던 것이다. 처음에는 귀찮고 어렵게 느껴질 수 있지만 일기를 쓰는 것처럼 습관이 되면 씀씀이를 되돌아볼 수 있다고 했다. 역시 뭐든 생각만 하는 것보다는 몸에 착 달라붙는 습관을 만드는 게 중요했다.

신 부장은 회사도 똑같다고 했다. 그런데 의외로 사업자 중에는 회계 지식이 없는 사람이 많다고 했다.

홍 대리는 문득, 회사라면 이익을 남겨야 하는데 회계를 모른다면 회사가 이익을 얼마나 남기는지도 모르고 일만 죽어라 하는 꼴이라는 생각이 들었다. 회계를 모르고 사업을 하는 것은 지도도 없이 정글 탐험을 떠나는 것처럼 위험한 일이었다.

회계는 회사가 자신의 과거를 우리에게 보여주는 편지이고, 우리가 나아가려고 하는 미래를 위한 지도인 것이다. 회계는 경영에 접목됨으로써 존재했다.

신성훈 부장의 이야기가 마무리되고 다시 분위기가 무르익을 무렵, 이현숙 주임이 은근한 목소리로 물었다.

"그런데 홍 대리님은 결혼하셨어요?"

"아뇨."

"결혼할 사람은요?"

"결혼하기로 한 건 아니지만 만나는 사람은 있습니다."

홍 대리는 영주의 얼굴을 떠올렸다. 그녀와의 결혼을 생각하지 않은 건 아니지만 영주 집에서 반대하고 있기 때문에 자신 있게 말할 수가 없었다.

영주와는 팀을 옮긴 뒤 업무에 적응하랴, 회계 공부하랴, 도통 만날 틈을 내지 못했다. 마지막으로 얼굴을 본 게 언제인지 기억조차 나지 않았다.

홍 대리는 오랜만에 영주를 만나려고 카페 '겨울'로 향했다. 영주의 병원 근처에 있는 곳이라 특별한 일이 아니라면 따로 말하지 않아도 그곳에서 만나곤 했다.

먼저 도착한 홍 대리는 자리를 잡고 앉아 영주를 기다렸다. 얼마 후 창문 너머로 걸어오는 영주의 모습이 보였는데, 왠지 발걸음이 무거워 보였다. 반가움에 손을 번쩍 치켜들었지만, 영주는 보지 못했는지 천천히 카페가 있는 2층으로 발걸음을 옮겼다.

"새로 옮긴 팀이 경영지원팀이라고 했지?"

"응, 회계 업무를 맡게 됐어."

"갑자기 웬 회계? 회계 공부 해본 적 없잖아."

의외라는 눈빛이었다. 무리도 아니었다. 대학 때 교양 과목으로 '회계원리'라는 수업을 들은 적은 있지만 회계를 공부했다고는 할 수 없는 처지였으니 말이다.

"으응, 우리 팀에 이 주임이라고 나한테 친절히 잘해주는 동료가 있어서 금방 배울 수 있을 거야."

영호의 입에서 의도치 않게 이현숙 주임에 대한 이야기가 나왔다.

"우리 회사 여신이거든."

그는 괜히 영주를 놀리듯이 말을 덧붙였지만, 그녀는 마치 자신과 아무 상관도 없는 이야기라는 듯 냉담했다.

사실 영주를 처음 만났을 때는 의대를 나온 만큼 공부만 한 숙맥일 줄 알았다. 그런데 예상과는 달랐다. 화려하지는 않지만 특유의 커다란 눈으로 상대를 응시할 때는 매력적이었다. 부자 부모 밑에서 자라 응석받이로 컸을 거라 생각했는데 예상과 달리 소박함과 검소함이 몸에 밴 사람이었다. 옷차림도 소박하고 단아한 멋이 있었다.

그래서인지 대학 다닐 때도 인기가 많았다는데 제대로 된 연애는 거의 안 해봤다고 했다. 그런 그녀가 자신을 만난다는 것이 영호로서도 신기한 대목이었다. 영주는 그렇게 말하는 영호에게 자신을 즐겁게 해주는 사람이라며 영호의 마음을 북돋아 주곤 했다.

　그는 새로 옮긴 팀 이야기를 하느라 시간 가는 줄 몰랐다. 신성훈 부장이 재테크의 고수이고, 뭔가 삐딱한 박철진 대리는 인사관리를 하는데 젊은 여직원들에게만 관심이 많은 것 같다는 둥……. 그러나 계속되는 그의 말에도 영주는 고개만 끄덕일 뿐 별말이 없었다. 홍 대리도 신나게 말할 때는 눈치채지 못했는데, 잘 보니 자기 말을 듣는 건지 아니면 딴생각에 빠져 있는 건지 모를 정도로 그녀의 표정이 굳어 있었다. 그러곤 한참 후에야 입을 열었다.

　"근데, 나 있지……."

　"응? 있긴 뭐가 있어?"

　애써 분위기를 띄우려고 농담조로 말을 받았다.

　"아, 아니다. 우리 여기서 나가자. 내가 얼마 전에 새로 발견한 와인 바가 있는데 분위기도 좋고 와인도 괜찮더라고. 거기서 한잔 더 하면 어때?"

　자리를 옮긴 그들은 이런저런 이야기를 나누며 와인 잔을 부딪쳤다. 그런데 술도 잘 못 마시는 영주는 오늘따라 거푸 술잔을 내밀었다. 뭔가 할 말이 있어 보였다. 문득 불길한 예감이 밀려왔다.

영주의 안색이 변했다.

"너 나한테 할 말 있구나."

"오해할까 봐 망설였는데, 그래도 솔직히 말하는 편이 나을 것 같아. 사실 나…… 어제 소개팅 했어."

당황한 홍 대리가 목소리를 높였다.

"뭐? 소개팅을 했다고?"

"엄마가 하도 성화라 할 수 없이 얼굴만 비치고 왔어."

영호의 얼굴이 붉게 달아올랐다. 사정이야 이해 못 할 것도 아니었지만, 이해했다고 해서 기분까지 괜찮은 건 아니었다. 이번에는 영호가 거푸 술을 들이켰다.

"왜 갑자기 흥분을 하고 그래."

이번에는 영주가 당황한 목소리로 말했다.

"흥분 안 하게 됐어? 너까지 나를 우습게 보는 거 아냐!"

이런 말을 하고 싶었던 건 아니었다. 하지만 마음과 달리 말이 엇나가고 말았다. 영주는 거의 울 듯한 표정이었다.

"무슨 말을 그렇게 해? 나도 어쩔 수 없이 나간 건데…… 나도 불편했다고!"

"정말 불편했다면 안 나갔겠지."

영주의 부모님은 영호를 탐탁해하지 않았다. 영주는 명

문대 의대를 졸업했고 집안도 훌륭한 데 비해 영호의 조건은 초라했다. 언젠가 중국에 갔다가 상하이의 도심지와 강 하나를 사이에 둔 초라한 빈민가를 본 적이 있는데, 그때 영주와 자신의 관계가 생각나 쓸쓸했던 기억이 있다.

영주의 착하고 여린 모습을 사랑했지만, 사람들의 부탁을 딱 부러지게 거절하지 못하는 모습이 답답하기도 했다. 순간 서운한 감정이 복받쳐 올라, 영호는 술을 한 잔 벌컥 들이켰다.

"난 오빠가 우리 부모님한테 인정받고 회사에서도 성공했음 좋겠어. 내 맘을 그렇게 몰라? 부모님 설득하는 것도 힘든데 오빠까지 왜 그래."

홍 대리는 답답했다. 세상에서 유일하게 믿고 사랑하는 사람마저 자신을 이해해 주지 못한다는 생각이 들자 자존심이 상했다.

"그렇게 힘들면 진즉 말하지 그랬어. 네 조건에 어울리는 남자 만나. 네 부모님 말처럼 나는 너하곤 안 맞는 사람이니까."

"내가 가진 환경이 그렇게 부담스러워?"

"집안, 학벌, 경제력으로 봐도 너희 집에서 날 반길 이유가 없잖아. 그러니까 자꾸 소개팅이나 하라는 거고."

"오빠 배경이 어때서?"

"내세울 만한 건 아니잖아. 그래서 너희 부모님한테 무시당하는 거고."

"고작 그거야?"

"고작? 그게 고작이야? 나한테는 자존심 문제라고."

"자존심이 그렇게 중요해?"

"너는 다 가져서 모르겠지. 너희 부모님같이 돈 많은 사람들은 더욱더 모를 거고. 아무것도 없는 나한테는 자존심 하나밖에 안 남았다고."

감정이란 때로 주인의 의사와는 상관없이 발이 달린 것처럼 혼자서 내달리기도 한다. 말이 아니라 마음으로 대화해야 하는데 감정에 상처를 입자 진심과 다른 말이 나왔다. 마음을 보여줄 수 있다면 얼마나 좋을까? 사람의 마음을 얻는 것이야말로 세상에서 가장 어려운 일이었다.

"우리 시간을 좀 갖자."

영주는 냉정한 목소리로 내뱉더니 벌떡 일어나 밖으로 나가고 말았다. 영호의 마음이 어지러웠다. 진짜 영주의 마음이 어떤지 확신이 서지 않았다. 영호는 손에서 계속 휴대폰을 만지작대면서 문자를 확인했다. 어떤 내용이건 영주에게서 문자가 오면 영호는 미안하다고 말할 생각이었다.

자산은
비용이다

캐럴이 울려 퍼지던 거리는 어느새 새해 소망을 기리는 행사로 붐비고 있었다. 경영지원팀은 연말결산을 준비하느라 매일같이 분주했다. 특히 이번 재고조사와 채권채무 확인은 홍 대리와 이현숙 주임이 업무를 분장했는데, 홍 대리는 결산이 처음이었기 때문에 둘이 손발을 맞춰야 하는 상황이었다.

하루 종일 사무실은 미수금 회수를 독촉하는 이 주임의 통화 소리로 시끄러웠다. 그는 청구서를 보내는 것으로 일을 끝내는 것이 아니라 꼭 전화를 해서 청구서를 잘 받았는지 그리고 돈은 언제 줄 수 있는지 물었다. 청구서를 보내는 일의 본질은 미수금을 회수하는 것임을 잘 알고 있었던 것이다.

"안녕하세요? 사장님, 저희 결제 좀 해주셔야겠어요. 외상대금이 1억 원이나 되네요."

"알았어요. 다음 달에 줄 테니까 전화 끊어요."

수화기 너머로 짜증 내는 거래처 사장의 목소리가 들려왔다.

"다음 달 언제 주실 건데요?"

쌀쌀맞은 대답에도 이현숙 주임은 포기하지 않았다. 날짜를 말해주지 않는 것은 안 주겠다는 것과 다름없었기 때문이다.

"아, 이 아가씨 정말 끈질기네. 무슨 빚쟁이야? 나 지금 바쁘니까 전화 끊어."

"여보세요? 여보세요?"

이현숙 주임의 목소리가 메아리치듯이 사무실 안을 떠돌았지만, 이미 전화는 끊어진 후였다. 다시 여러 번 전화를 걸었지만 신호만 가다가 뚝 끊기더니 그다음에는 아예 휴대폰 전원이 꺼져 있다는 안내 멘트가 들려왔다.

이 정도로 끝나는 거래처는 그나마 양반이었다. 어떤 거래처에서는 심한 욕설까지 퍼부으며 아예 배 째라는 식으로 나오기도 했다. 그럼에도 이현숙 주임의 인내심은 대단했고, 외상대금 청구 전화는 하루 종일 이어졌다.

"이 주임님, 제가 좀 도와드릴까요?"

미안하고 안쓰러운 마음에 홍 대리가 말을 붙였다.

"저는 괜찮아요. 하루 이틀 하는 일도 아닌데요."

아무렇지도 않다는 듯 그녀는 다시 전화를 돌리기 시작했다. 평소 그녀의 쏘아붙이는 듯한 말투도 다 거래처와 싸우면서 생긴 습관이 아닐까 하는 생각이 들었다.

"그냥 영업부서에 대금 관리까지 맡기면 안 돼요? 경영지원팀에서 거래처 상황을 잘 아는 것도 아닌데 매출채권 관리까지 하기는 너무 힘들지 않나요?"

홍 대리가 물었다.

"저도 그러고 싶어요. 영업부서에서는 거래처 상황을 잘 아니까 영업과 동시에 수금 관리까지 하면 편할 텐데, 경영진에 건의해도 자금은 경영지원팀에서 관리해야 한다고 그러네요."

이현숙 주임이 푸념하듯이 말했다.

"홍 대리랑 이 주임 말이 틀린 것은 아니지만, 전에도 영업부서에 수금 관리까지 맡겨놓았더니 자금 사고가 터지기도 하고 수금도 제대로 되지 않아 힘들었던 적이 있습니다. 영업부서 사람들은 물건만 많이 팔려고 하지 대금 회수에는 그다지 신경을 쓰지 않거든요. 돈 잘 받아내는 것도 기술이니까 힘들더라도 이 주임이 맡아서 하는 게 좋겠습니다."

배 차장이 타이르듯 이야기했다.

전화 한두 번으로 끝내지 않고 약속 날짜가 되면 다시 연락하며 채권을 회수하려는 이 주임의 노력을 배 차장도 높이 샀다. 이 주임은 때로는 '우리도 자금 사정이 어렵다'며 감정에 호소하기도 했다. 이 주임이 끈질기게 전화를 하며 관리한 덕인지 채권금액은 상당히 줄어들었다.

매출채권은 물건을 팔고 아직 돈을 받지 않은 것이어서 매입하는 회사는 판매회사로부터 무이자로 돈을 빌린 것이나 다름없었다. 물건을 판매한 회사는 외상대금을 받아야 실제 매출이 되지만, 매입처가 거래를 끊지는 않을까 하는 걱정에 매출채권 회수에는 소홀한 경우가 많았다.

그래서 대금을 잘 주는 회사일수록 그런 걱정을 하지 않아도 되기 때문에 거래 관계가 더욱 돈독해지기도 했다. 사실 돈을 받는 것이야말로 가장 어렵고도 중요한 일이었다. 인사와 자금 관리는 회사가 무엇을 어떻게 하고 있는지를 보여주는 실질적인 지표이기 때문이다.

"홍 대리, 결산 자료 어느 정도나 됐나?"

배석재 차장이 파티션 너머로 소리쳤다.

"네, 다 됐습니다."

홍 대리는 부랴부랴 서류를 프린트해 배석재 차장 앞으로 달려갔다. 배 차장은 잠시 자료를 훑어보더니 낮은 목소리로 말했다.

"요즘은 회계처리가 아주 편해졌어. 내가 처음 회계업무를 시작할 때는 부서마다 영수증을 모으고 정리해서 차변과 대변으로 계정과목과 금액을 입력했거든. 요즘은 회계프로그램이 자동으로 분개까지 해준다니까 앞으로는 회계업무도 없어지는 거 아닌가 모르겠어."

배 차장의 말대로 카드나 현금영수증, 전자세금계산서 등 모든 증빙이 전자파일 형태로 나타나기 때문에 매일 실시간으로 AI가 자동전표를 수집해서 회계처리를 해주었다. AI는 학습능력까지 갖추고 있어서 과거 거래유형을 분석하여 새로 발생된 증빙을 자동으로 회계처리할 뿐 아니라 학습량이 많아질수록 더 정확한 회계처리 결과를 보여주었다. AI는 경험을 통해 학습하며 매 순간 진화하고 있었다. 앞으로는 컴퓨터와 로봇이 회계처리와 재무제표를 만드는 일을 모두 대체할 것이라는 배 차장의 말은 예언처럼 정확하게 이루어지고 있었다.

"올해 매출은 470억 원 정도로군. 그런데 왜 손실이 10억 원이나 났지? 올해는 5억 원 정도의 이익이 예상됐는데⋯⋯."

"그럴 리가 없는데요?"

결산서를 다시 보자 정말 10억 원 손실로 회계처리되어 있었다.

"정말이네요. 왜 그렇죠?"

"이 사람아, 자네가 만들어놓고 나한테 물어보면 어떡해? 결산 자네 혼자서 했나?"

"아뇨. 회계프로그램에서 해준 대로 가지고 왔습니다."

"자네가 프로그램을 조종하는 건가? 프로그램이 자네를 조종하는 건가? AI가 편리하긴 한데 너무 AI에만 의존해서 그런지 요즘 회계인들 회계지식은 더 떨어지는 것 같아."

배 차장의 말처럼 프로그램이 홍 대리를 조종하는 기분이 들었다. 회계란 것은 숫자 하나만 맞지 않아도 오류 메시지를 띄웠고 이를 해결하지 않으면 마감을 할 수 없었다. 그 깊은 AI의 속을 알 길이 없어 헤매는 경우가 많았다. 회계지식을 새로 배우는 것보다 회계프로그램에서 오류가 발생했을 때 왜 발생했는지 찾는 것이 더 어려웠다.

"프로그램에 문제가 있는 것 아닐까요?"

홍 대리의 말은 아랑곳하지 않은 채 배차장이 말했다.

"문제가 있으면 사람한테 있는 거겠지. 기계는 정직하잖아. 숫자에는 항상 어떤 의미가 담겨 있다는 걸 잊어서는 안 돼. 그렇게 적자가 났다면 뭔가 잘못된 거지. 매출이 적게 잡혔거나 비용이 많이 잡혔거나."

배석재 차장은 하인리히 법칙의 신봉자였다. 큰 사고는 항상 사소한 것을 방치할 때 생긴다는 것이었다. 그래서 실수를 꼭 찾아내고야 말겠다는 듯 코를 벌름거리며 서류를 들여다보기 시작했다.

"그래, 원인은 여기 있었군. 올해 영업대리점을 확장하면서 지출한 설비투자금액 대부분이 비용으로 처리돼 있잖아!"

배석재 차장은 원인을 발견해서 기쁜 모양이었지만 홍 대리는 무슨 말인지 잘 이해할 수 없었다. 어리벙벙한 홍 대리의 표정을 보고 배석재 차장이 설명을 시작했다.

"자네, 자산과 비용을 구분하는 것은 쉬워 보여도 회계의 핵심이야. 가장 기본적이면서도 중요한 것이지. 설비투자는 자산으로 회계처리해서 감가상각을 해야 하는데 비용으로 처리했으니 손실이 날 수밖에 없지. 또 재고자산도 제대로 파악하지 않았네. 이미 지나버렸으니 다시 파악하기는 힘들지만 재고금액에 따라 이익이 많이 달라진다는 것을 명심하게. 재고자산 중에는 폐기되거나 분실되는 것도 상당히 있는데 이번 재고파악에서는 이런 부분이 전혀 반영되지 않았어."

배석재 차장은 수많은 영수증으로 만들어진 거래를 능수능란하게 재무제표라는 집으로 초대하고 있었다. 나중에 안 사실이지만 비용을 자산으로 돌리면 적자가 이익으로 바뀔 수 있고 이것은 분식회계에 사용되는 전형적인 수법이었다.

배 차장은 홍 대리에게 재무상태표와 손익계산서의 관계를 알려주었다. 사람들은 손익계산서에 익숙하지만 사실 손익계산서에는 많은 가정과 추정이 있어서 이를 제대로 이해하지 못하면 숫자의 의미를 제대로 알 수 없다.

배 차장은 특히 자산에서 비용으로 바뀌는 과정에 주의해야 한다고 강조했다. 재고자산이 판매되는 시점에 매출원가로 바뀌거나 평가손실로 전환되고, 시간이 흐르면서 유형자산이 감가상각비로 바뀌거나 매출채권이 대손상각비로 바뀌는 것은 내용연수에 대한 추정까지도 재무제표에 들어 있기 때문이다. 그래서 손익계산서만 따로 봐서는 안 되고 재무상태표와 함께 봐야 그 의미를 더 깊게 이해할 수 있다고 덧붙였다.

온통 처음 들어보는 이야기를 이해하려니 홍 대리는 정신이 하나도 없었다. 손바닥에서 땀이 배어 나와 보고서의 끝자락을 적셨다.

"회계프로그램만 믿지는 마. 나는 프로가 아닌 사람하곤 일 못 해."

배 차장의 말은 홍 대리의 어깨를 짓눌렀다. 나중에 안 사실이지만 회계프로그램은 과거의 회계처리 데이터를 학습하고 그 학습한 자료에 근거해서 회계처리를 하기 때문에 과거 회계처리 데이터가 부족하거나 또는 회계처리가 잘못되어 있으면 잘못된 처리를 하는 경우가 종종 있었다. 배 차장은 기본적으로 인공지능이라는 것을 믿지도, 사용하지도 않았기 때문에 학습할 데이터가 부족했던 것이다.

홍 대리는 그동안 자산은 좋고 비용은 나쁜 것이니 비용은 줄여야 한다고만 생각했다. 그런데 해외시장 개척을 위한 지출이나 연구개발에 들어간 돈이 비용으로 처리될 수도 있다니, 혼란스러웠다. 판매부서나 연구개발부서 직원이라면 전혀 동의하지 못할 것 같은 내용이었다. 그들과 회계인들이 서로 다른 언어를 사용하고 있다는 생각이 들었다.

문득 '자산을 취득하는 습관을 가져야 부자가 될 수 있다'던 신성훈 부장의 말이 머리를 스치고 지나갔다.

신 부장은 돈의 이용利用에 대해서도 말했다. '이利'는 이익이다. 기업이 돈을 번다는 것은 이利를 얻는 것, 즉 회사로 돈이 들어온다는 의미다. 반면 '용用'은 돈을 사용한다는 뜻이다. 벌어들인 돈을 얼마나 잘 쓰느냐가 용用이다. 즉, 이용이란 '잘 벌고 잘 쓰는 것'이다. 그러면서 신성훈 부장은 돈을 버는 것보다 잘 쓰는 것이 더 어렵다고 했다.

부자가 된다는 건 단순히 돈을 잘 버는 것만이 아니라 잘 쓰는 것을 의미하기도 했다.

이런 생각을 하고 있자니 홍 대리의 뇌리를 스치는 것이 있었다. 부자와 부자 회사는 서로 돈에 대한 입장과 생각이 동일할 것이라는 점이었다.

홍 대리는 재무제표를 천천히 다시 살펴보았다. 재무상태표와 손익계산서에 있는 자산, 부채, 자본, 수익, 비용을 이용利用에 따라 돈이 '들어오는 것'과 '나가는 것'으로 구분해 보았다.

이렇게 구분하자 재무제표의 계정과목이 무엇을 의미하는지 좀 더 명확해졌다. 부채와 자본, 수익은 회사로 돈이 들어오는 것, 자산과 비용은 돈을 쓰는 것이다.

이를 재무제표에서는 왼쪽과 오른쪽으로 구분하여 왼쪽을 차변, 오른쪽을 대변이라고 한다. 대변에는 돈이 들어오는 부채, 자본, 수익이 있다. 부채는 돈을 버는 것은 아니지만 회사로 돈이 들어온다는 면에서 동일했다. 반대로 차변은 돈이 나가는 쪽으로, 자산과 비용이 포함된다. 우리가 흔히 사용하는 통장에서 입금과 출금을 구분하는 것처럼 회계는 돈의 흐름을 차변과 대변으로 분류하고 있다.

거기까지 생각이 미치자, 대변과 차변이 돈이 들어오고 나가는 것을 의미한다는 결론에 이르게 됐다. 회계인으로 거듭나기 위해 알을 깨고 나온 기분이 들었다. 개념적으로는 신성훈 부장의 도움을 받았고 실무적으로는 이현숙 주임의 도움이 컸다.

이현숙 주임과 함께 며칠 동안 늦게까지 야근을 한 후에야 홍 대리는 겨우 결산을 마칠 수 있었다. 이 주임은 그 며칠 동안 홍 대리에게 실질적인 회계지식을 알려주었다.

"업무매뉴얼은 기존 업무 중에서 공통적으로 발생하는 내용을 요약해 놓은 거예요. 항상 옆에 두고 읽어보면 회사에서 원하는 가이드라인을 알 수 있죠. 회계부서 단체 채팅방에 올라오는 내용도 반복해서 읽어보고요. 채팅방에는 우리 부서의 모든 업무가 기록돼 있으니까 홍 대리님의 업무가 아니더라도 채팅방 내용을 매일 읽다 보면 1년이 지난 후에는 정말 몰라보게 달라져 있을 거예요. 부장님과 차장님은 홍 대리님이 부서 전체 업무에 대해 이해하고 있는지 체크하실 거예요. 무엇보다 얼굴에 다 티가 나게 돼 있어요. 업무자료는 매일 클라우드에 꼬박꼬박 올려놓고 있죠?"

"네. 올리려고 노력하는데 가끔씩 잘 빠뜨려요."

이현숙 주임도 홍 대리의 실수를 알고 있다는 듯이 가볍게 웃으면서 말했다.

"아직 습관이 안 돼서 그럴 거예요. 그 말은 곧 습관을 들여야 한다는 얘기겠죠. 즉 의도적으로 항상 모든 파일이 공유되도록 노력해야 한다는 거예요. 회사에서 제일 신경쓰는 부분이니까요. 왜 이것이 중요한지는 홍 대리님이 과거 자료를 찾아볼 때 알 수 있을 거예요. 밑그림이 그려진 곳에 색칠하는 것과 흰 도화지에 밑그림부터 그리는 것은 출발부터 다르니까요. 우리가 하는 회계 업무는 대부분 처음 하는 업무가 아니고 과거에 이미 최소 한두 번 이상 했던 업무들이에요. 과거 업무를 잘 찾기만 해도 70점 정도의 업무결과를 낼 수 있답니다."

회계 정보를 전자공시시스템에 올려야 한다는 것도, 전자공시시스템에서 과거 회계 정보를 볼 수 있다는 것도 친절히 가르쳐주었다. 또한 우리 회사 정보뿐만 아니라 외부 회계감사를 받는 모든 회사의 회계자료를 조회할 수 있다는 사실도 알게 됐다. 과거 자료를 보고 다른 회사 자료와 비교해 가면서 재무제표를 만들어가니 맨땅에 헤딩하듯이 백지에 그려나가는 것보다는 훨씬 수월했다.

회계에 항상 숫자만 있는 것은 아니라는 사실도 알게 됐다. 재무제표에는 주석처럼 숫자의 근거와 의미를 쉽게 풀이해 주는 요소도 있었다. 주석은 숫자만 보면 이해하기가 어렵거나 또 잘못 이해할 수 있는 것을 바로잡아 주었다.

힘겹게 결산을 마친 홍 대리는 왜 결산 작업이 어려운지 알게 되었다. 그동안 해왔던 일은 영수증과 자금흐름을 보고 기록하는 것이었지만, 결산에는 영수증과 자금흐름의 실체가 없었다. 자산이나 부채에 변동이 있는지를 파악해서 그것을 비용으로 옮겨주는 조정 작업을 해야 하는데, 자산과 부채의 평가에 대한 작업은 현장을 제대로 이해하지 않으면 안 되는 일이기 때문이다.

회계는 절대로 외워서 되는 것이 아니었다. 회계에서 중요한 것은 숫자 그 자체가 아니라 숫자를 둘러싸고 있는 '이야기'였다. 회계의 숫자는 무엇인가를 이야기하기 위해 존재했다. 회계는 경영이므로, 경영 흐름을 이해하고 어떻게 숫자로 바꾸어 재산과 경영성과를 보여주는지를 이해하는 것이 회계의 맥이었다.

"이 주임님, 커피 한잔 하실래요?"

홍 대리가 묻자 이현숙 주임이 마치 기다렸다는 듯이 가볍게 고개를 끄덕였다. 내심 홍 대리가 무슨 말을 하려는 것인지 궁금하다는 표정이었다.

두 사람은 휴게실 커피머신에서 커피를 뽑았다. 커피는 음료이기 이전에 사적인 대화의 재료였다.

홍 대리는 경영지원팀에 적응하는 데 정신적으로나 업무적으로 도움을 많이 주는 이현숙 주임이 고마웠다.

"이렇게 커피 뇌물을 주는 건 뭔가 할 말이 있어서죠? 커피는 비용이 아니라 자산이니까요."

이현숙 주임의 예리한 눈빛을 보니 커피 한잔 마시면서

잡담하는 것이 낭비가 아니라 고도의 커뮤니케이션이라는 생각이 들었다.

"역시 이 주임님, 눈치가 빠르시네요. 저, 사적인 질문 하나 해도 돼요?"

이현숙 주임이 눈을 반짝반짝 빛내며 고개를 까딱했다.

"며칠 전에 여자친구랑 좀 싸웠는데, 저는 도무지 이해할 수가 없어요. 그래도 어떻게든 관계를 풀어가고 싶은데…… 기다리는 일 말고는 아무것도 할 수가 없어요."

"무슨 일 때문에 다투었는데요?"

홍 대리는 피의자가 조사를 받는 것처럼 영주와 있었던 일을 털어놓았다.

이현숙 주임의 얼굴에 이해하기 힘든 기색이 비치는가 싶더니 이내 밝은 표정으로 돌아왔다. 하지만 홍 대리는 그 표정을 제대로 읽지 못했다. 회계어가 일반 사람들의 언어와 다르듯이 영호와 영주, 서로의 언어는 상대방이 이해하기에는 너무 어려웠다. 그런 홍 대리에게 이현숙 주임은 이해하지 못해도 사랑하는 것이 진짜 사랑이라고 말했다.

"근사한 명품보다 과자 하나라도 자신이 좋아하는 걸 주는 사람한테 끌리는 게 사람 마음이에요. 사람들은 눈에 보이는 것에만 신경을 쓰는 듯해도 사실 정말 중요한 건

보이지 않는 것들이죠. 같은 꽃이라도 그냥 돈 주고 산 꽃과 홍 대리님이 정성껏 키운 꽃은 그 의미가 다르겠죠? 꽃을 사랑한다면서 물을 주지 않는다면 그건 사랑이라고 할 수 없잖아요. 사랑이란 상대방에 대한 적극적인 관심이에요."

이현숙 주임은 애인도 없는데 연애 전문가처럼 말했고, 홍 대리는 애인이 있는데도 연애라고는 전혀 모르는 사람처럼 듣고 있었다.

지금 홍 대리는 불행한 상태였다. 영주와의 관계 때문이었다. 전화를 하려다가도 쉽사리 통화 버튼을 누르지 못했다. 기본화면으로 바뀐 카톡 프사는 영주의 감정을 그대로 나타내고 있었다. 미안하다는 한마디로 당장은 화해할 수 있겠지만, 그렇다고 근본적인 문제까지 해결되는 것은 아니다.

'어떻게 해야 되지?'

정전된 방 안에 우두커니 앉아 있는 것처럼 머릿속이 캄캄했다. 좀처럼 좋은 생각이 떠오르지 않았다. 이현숙 주임의 조언은 전혀 도움이 되지 않았다. 사랑하니까 헤어진다고 했던가? 사랑하니까 영주의 좋은 미래를 위해 놓아주는 것이 낫겠다는 생각이 갑자기 들었다. 이윽고 홍 대리의 손가락이 휴대폰 위에서 빠르게 움직였다.

'영주야, 많이 생각해 봤는데 우리 이쯤에서 헤어지는 게 좋을 것 같아. 너한테 예쁜 옷도 사주고 명품 백도 사주고 싶은데 상황이 그렇지 못해. 앞으로도 크게 달라지지 않을 것 같아. 내 처지가 원망스럽고 너한테 미안할 뿐이야. 멋진 남자 만나서 사랑받고 행복했으면 해. 진심이야.'

카톡을 쓰고 나서도 한참을 고민했지만 영주를 놓아주는 것이 최선이라는 생각이 더욱 강렬해졌다. 그리고 발송 버튼을 눌렀다. 보내고 나니 마음이 초조해졌다. 영주가 어떻게 생각할지 불안해졌다. 영주는 문자를 곧 확인했지만 한참 동안 답변이 없었다. 하루가 길었고 자정이 되어서야 영주로부터 카톡이 왔다.

"오빠, 우리 사귀면서 가난해서 불행했어? 돈은 나도 벌 수 있고 서로 보고만 있어도 행복한데 왜 그래. 헤어지자는 말에 너무 놀라서 하루 종일 아무것도 못 했어. 이러지 말고 우리 만나서 얘기하자."

"지금 집으로 갈게."

"오빠, 우리 참 많이 다르지?"

"응. 진짜 많이 다른 것 같아."

"달라도 좋은 걸 어떡해. 이렇게 싸우고 나서도……."

"나도, 나도 그래. 너한테 더 좋은 사람이 되고 싶어."

영주의 촉촉한 눈빛에서 그녀가 이 순간을 얼마나 애타게 기다렸는지 알 수 있었다.

숫자는
목표를
구체화한다

홍 대리가 경영지원팀에 온 지도 1년이 다 되어가고 있었다. 슬슬 낮에는 더워지기 시작하는 게 벌써 여름이 시작되려는 모양이다. 경영지원팀도 바쁜 나날을 보내고 있었다.

이현숙 주임은 매번 질문하는 홍 대리를 감당하지 못하겠는지 회계카페와 블로그, 유튜브 채널 몇 곳을 알려주었다. 이현숙 주임이 가르쳐주기 싫어서 그런 것 같지는 않았다. 홍 대리 자신도 이현숙 주임의 시간을 뺏는 것 같아 모르는 게 있어도 물어보기가 어려웠던 때가 많았는데 회계카페와 블로그에서는 언제든, 몇 번이든 질문하고 궁금한 내용을 마음껏 찾아볼 수 있어 유용했다. 시간과 장소를 가리지 않고 궁금한 점을 올려놓으면 회원들이 내 비서처럼 신속하게 정답을 알려주었고 회계처리나 세무신고에 대한 내용은 인터넷이라는 공간에서 정보공유를 통해 거의 해결할 수 있었다. 예규나 판례 같이 심도 있는 문제도 검색만 잘하면 어렵지 않게 찾을 수 있었다. 1년이라는 시간 동안 회계업무 능력은 시간이 좀 걸리느냐의 문제만 있을 뿐 스스로 해결할 수 있는 정도까지 발전한 것 같았다. 1년이 지나면서 한 사이클을 돌게 되니 회계업무의 흐름이 어느 정도 파악된 것이다.

그보다 홍 대리는 회계부서 사람들이 현업부서 사람들과 그다지 친하지 않다는 점이 더 걱정이었다. 영업팀과 생산팀 모두 결산 때나 신고 때가 되면 회계부서 사람들과 한바탕 문제를 벌이곤 했다. 보통은 배석재 차장의 대금결재 권한에 밀려 타 부서에서 경영지원팀의 요구를 들어주는 식으로 마무리됐다. 역시 돈줄을 쥐고 있는 자금 담당이 절대 권력을 얻는 법이었다. 그러면서도 한편으로는 배석재 차장의 원칙적인 일 처리 때문에 현업부서가 항상 손해를 본다는 불만이 회사 내에서 스멀스멀 피어오르고 있었다.

홍 대리만 해도 영업팀에 있을 때 접대비를 지출하려면 업무와 직접적인 관련이 있음을 증명하는 보고서를 작성하라는 지시가 내려와서 반발했던 경험이 있다. 그럴 때마다 배석재 차장은 항상 '규정이니 어쩔 수 없다'는 말로 일축하곤 했다.

출장비나 교통비도 영업부서 직원들에게는 아주 피곤한 항목이었다. 철저하게 실비를 정산하는 자체 규정 때문에 지방이나 해외 출장에서 영수증을 분실하기라도 하면 아예 자금 집행을 하지 않았다. 회사에서 나오는 모든 자금이나 선물도 꼭 소득세를 떼고 지급했기 때문에 이를 이해하지 못하는 직원들의 불만은 여간한 게 아니었다.

한번은 배석재 차장과 원자재 구매담당 직원이 크게 다툰 적이 있었다.

"이 부품은 구매 성향에 따라 수시로 바뀐다는 거 알지 않습니까? 그런데도 한꺼번에 이렇게 많이 구입하면 어쩝니까?"

"대량구매는 10퍼센트나 할인받을 수 있습니다. 소량구매는 거래처 잡기도 힘들고 가격도 정가를 다 줘야 한다고요."

"규칙을 지켜야 문제가 발생하지 않습니다."

업종의 특성상 유행이 빨리 지나가기 때문에 어떤 자재는 6개월만 지나도 거의 중고품이 되어버린다. 두 사람은 서로 자기 의견이 옳다며 한참을 옥신각신했다.

배석재 차장은 남아도는 원자재에 대한 책임은 구매담당자에게 있다는 생각에 한 치의 물러섬도 없었다. 결국 말로는 해결이 안 되겠다고 여긴 그는 원자재 구매대금을 조금씩 늦추는 식으로 제동을 걸었다. 그럴 때마다 구매담당자가 받는 스트레스는 이만저만한 게 아니었다. 거래처에서는 계속 결제 약속을 어기는 그를 믿을 수 없다며 난리였고, 배석재 차장은 나름대로 그 방침을 한참 고수했다. 결국 사건은 구매담당자가 회사를 그만두는 것으로 끝나고야 말았다.

어떤 상황에서든 배 차장의 지시는 무조건 따라야 했다. 그의 지시는 융통성이 없었지만 규정에 근거한 것이었다. 불만이 있는 지시일수록 더욱 그랬다.

영업팀에 들어서자마자 부서 후배였던 허미란 대리가 눈을 반짝이며 홍 대리를 반겼다.

"홍 대리님, 오랜만이네요."

"그동안 잘 지냈어요?"

"경영지원팀은 어떠세요?"

"그냥 그렇지 뭐. 직장 생활이라는 게 그렇잖아요."

"근데 우리가 보고 싶어서 온 건 아닐 것 같고……. 매출현황 자료 때문에 왔죠?"

"이런, 허 대리 보고 싶어서 왔다고 하려 했는데 들켜버렸네."

"항상 이때쯤 되면 경영지원팀에서 매출자료 달라고 아우성이잖아요. 특히 배 차장님 전화에 제가 노이로제 걸릴 뻔했다니까요. 자료가 틀렸다느니, 제출이 늦다느니, 완전 잔소리꾼이에요."

"그쪽 입장도 있으니까 그랬을 거야. 이제 내가 담당하게 됐으니 잘 좀 도와줘."

"네, 알았어요. 그래도 이번 달 매출은 지난달 대비 8퍼센트 정도 올랐던데요? 새로 오신 사장님께서 워낙 매출을 강조하니까 영업팀에서도 노력을 많이 했거든요."

허 대리는 자랑스럽다는 듯 매출 자료를 보여주었다.

"이게 매출 내역이고, 이건 매출에 대한 세금계산서입니다."

역시 일은 사람이 하기 때문에 사람을 많이 알면 알수록 훨씬 수월하게 진행됐다. 이전에 함께 일했기 때문에 일이 술술 풀리는 것 같다고 생각하며 홍 대리는 어깨를 활짝 펴고 경영지원팀으로 발길을 돌렸다.

"차장님, 영업팀에서 가져온 매출 자료와 세금계산서입니다."

"오, 그래? 한번 보지. 지난달에 비해 매출이 많이 증가했군. 상무님이 좋아하시겠는데?"

그런데 자료를 살펴던 배석재 차장의 얼굴이 순간 일그러졌다.

"홍 대리, 여기 한번 봐봐. 이 물건은 아직 고객에게 인도되지도 않았는데 벌써 매출 자료에 올라와 있잖아. 아예 세금계산서도 함께 발행했군."

"아, 그거요? 팔기로 이미 계약을 끝냈는데 고객이 사정이 생겨서 며칠 뒤에 가져가기로 했답니다."

"이거 큰일 날 사람이네. 계약만 하면 우리 매출인가? 물건이 인도되어 실질적인 소유권이 넘어가야 우리 매출로 잡을 수 있는 거야. 계약서에도 인도 시점에 소유권이 넘어가도록 되어 있잖아. 대금도 아직 받지 못했으니 고객은 언제든지 계약을 해지할 수 있고, 그럼 우리는 손쓸 방도가 없어."

"아, 정말 계약서에 그렇게 나와 있네요."

홍 대리는 풀이 죽어 자신 없는 목소리로 대답했다.

"영업팀에서는 매출 실적만 올리려고 구두계약만 해도

매출로 보고하는 경우가 많아. 그러다가 나중에 해지될 때도 있으니 소유권이 이전되는 시점을 잘 파악해야 해. 대충 계산해 봐도 이건 5억 원 정도 매출이 부풀려져 있군. 빨리 하는 것도 좋지만 회계업무는 정확하지 않으면 큰일 날 수 있으니 조심해야 돼. 영업팀에 연락해서 매출 세금계산서 취소하도록 해."

'얼마나 팔았는지'를 보여주는 매출은 회사 실적을 평가할 때 가장 많이 사용하는 지표다. 회사는 매출이 높아 보이도록 자신에게 유리한 방향으로 매출 기록 시점을 정하는 경우도 있다. 통상적으로 물건의 소유권이 넘어가는 인도 시점에 매출로 기록하는데, 회사나 부서별로 매출 금액을 맞추기 위해 '밀어내기식 판매'를 하기도 한다. 이처럼 회계의 원칙이나 규정보다 주관적 판단을 우선했을 때 혼란이 올 수 있다는 사실은 수도 없이 증명되고 있었다.

한편 수익과 이익을 구분하지 못하는 경우도 있다. 수익은 총매출액 개념이고, 여기서 비용을 뺀 나머지가 이익이 된다. 하지만 이익과 수익을 혼용해 말하는 경우도 왕왕 있다.

홍 대리는 얼굴이 빨개져서 허 대리에게 전화를 했다.

"허 대리, 나 홍 대린데……."

"네, 홍 대리님. 말씀하세요."

"매출 실적이 조금 잘못되어 있는 것 같아서 수정해 줬으면 하는데……."

"네? 뭐가 잘못됐는데요?"

"제품이 인도된 부분만 세금계산서를 끊어야 하는데 계약만 된 것도 끊어버렸네. 그래서 계약만 되고 제품이 인도되지 않은 건 취소해야 할 것 같은데, 언제까지 될까?"

기업 현장에서 흔히 일어나는 관행이 또 있다. 매입처에서는 비자금을 조성하거나 세금을 줄일 목적으로 실제 매입금액보다 더 많은 세금계산서를 요구하기도 한다. 실제 매입과의 차액은 비자금으로 사용하기도 하고, 비용이 모자라는 회사는 세금계산서를 더 받아 가공경비를 잡아 세금을 줄이기도 하는 것이다. 그러나 워낙 오래된 관습이다 보니 영업부서는 판매를 위해 매입처의 이러한 요구를 들어줄 수밖에 없는 경우도 있다.

수화기 저편에서는 한참 동안 아무 소리도 들리지 않았다.

"아니, 홍 대리님. 그걸 이제야 말씀하시면 어떻게 해요? 거래처에서는 이미 신고가 들어갔을 거란 말이에요."

"그럼 안 된다는 거야?"

허 대리를 따라서 홍 대리의 목소리도 높아졌다.

"지금 저한테 화내시는 거예요? 홍 대리님도 배 차장님하고 똑같네요. 자세한 설명도 안 해주고 무조건 이렇게 해라, 저렇게 해라, 규정에 어긋난다, 언제까지 해야 한다. 자꾸 회계 얘기로 사람 괴롭히지 좀 말아요. 회계부서가 회사 발전을 위해서 지원하라고 있는 거지 현업부서 닦달하라고 있는 건 아니잖아요. 회계부서가 사람 참 불편하게 만드네요. 그리고 영업부서 직원들이야 계약만 하면 세금계산서 끊는 것으로 알지 자세한 걸 어떻게 알겠어요? 알려준 적도 없잖아요!"

홍 대리는 불편한 회계부서라는 말에 가슴이 답답해졌지만 핑계를 대며 독촉했다.

"우리 부서에서 이미 수차례 커뮤니티에 공지도 하고 안내했으니까 다 알아들은 줄 알았죠."

"회계부서 사람들 정말 대화 안 된다는 생각이 들 때가 언제인 줄 아세요? '네가 다 알아들은 줄 알았다'고 할 때예요. 회계는 들어도 들어도 돌아서면 잊어버리는 것이 우리 현업부서예요."

"회계부서도 자신들의 임무를 다하느라 그런 거예요.

잘해도 티도 안 나고 못하면 책임만 있는 업무라서 그래요. 아무튼 이 세금계산서는 신고 들어가기 힘드니까 거래처에 연락해서 취소하도록 해주세요."

홍 대리의 말이 끝나기도 전에 전화는 이미 끊겨 있었다.

'회계란 비즈니스 언어이고 소통의 도구라고 생각했는데 회계부서는 왜 이렇게 다른 부서와 소통이 안 될까?'

자신도 어느새 회계부서의 폐쇄성에 길들여진 것 같아 가슴이 쓰렸다. 또한 이는 언어의 한계이기도 했다. 비즈니스의 공식 언어는 회계이지만 정작 회계로 말할 줄 아는 사람은 적었다. 회계인들은 자신들이 하고 싶은 말만 하고, 다른 부서 사람들에게 의미 있는 말은 듣지 않았다는 생각도 들었다.

다른 부서도 그렇겠지만 경영지원팀 사람들은 특히나 다른 부서 사람들과 일하는 게 힘들다고 입을 모았다. 이현숙 주임은 한두 번 알려주는 것도 아니고 신고 때마다 가르쳐줘도 매번 어딘가 틀리기 때문에 어쩔 수 없다고 했다. 또 회계업무를 잘하려면 다른 부서를 다루는 법을 알아야 한다고 강조했다. 정해진 시간에 끝내야 할 게 많은데 편하게 대해주면 절대 그럴 수 없기 때문에 자꾸 독촉해야 겨우 마칠 수 있다는 얘기였다.

하지만 홍 대리의 머릿속에는 하나의 의문이 떠나지 않았다.

'아무리 그렇다고 해도 신고 한 번 할 때마다 다른 부서와 갈등이 생긴다면 그건 문제 아닐까?'

회계인들은 자기만의 언어로 자신만의 세상을 만들기에 소통이 더욱 어려운 과제가 되어버리는 것 같았다. 회계인들은 그들만의 논리와 설득으로 다른 사람들과의 접촉을 차단하고 회사 내에서 철저하게 외톨이가 되어갔다.

한편, 최영순은 대표이사로 취임한 지난 1년을 돌이켜보고 있었다. 경영지원팀에서는 이익이 나고 있다고 했지만 여전히 자금 사정은 어려웠고, 어음을 막기 위해 은행으로 뛰어다니는 때가 많았다. 아무래도 '매출 성장'이라는 경영전략만으로는 상황을 타개할 수 없으리라는 위기감이 엄습해 왔다. 이대로 가다가는 주주들도 가만히 있지 않을 게 뻔했다.

주주들에게 호언장담을 하기는 했지만 결코 쉬운 일이 아니었다. 그나마 지금까지 올 수 있었던 것도 정태호 상무의 도움이 컸다. 정 상무는 회사의 내부 사정을 누구보다 잘 알고 있기 때문에 최 사장이 가장 의지하고 여러 가지 의논을 하는 상대였다. 그리고 남편 주식을 상속받으면서 상속세 문제로 알게 된 허준 회계사는 회계 문제 이외에도 사업적인 문제나 개인적인 고민까지 조언해 주며 도움을 주고 있었다.

오랜만에 회사를 찾은 허준 회계사를 최 사장이 반갑게 맞았다. 허준 회계사는 최 사장의 표정만 보고도 사업에 뭔가 어려움이 있다는 것을 직감할 만큼 노련했다.

"요즘 어떠세요? 경기가 많이 나쁘죠?"

"자금 때문에 죽겠어요. 정말 사업을 그만두던가 해야지, 너무 힘이 드네요. 임원들도 제 능력을 의심하고 있는 터라 항상 긴장되고요. 앞으로 사업을 어떻게 꾸려나가야 할지 두려워요."

최 사장은 마음에 담고 있던 고민을 털어놓았다.

"사실 사업이라는 것은 자금과 인사가 전부라고 할 수 있습니다. 그중에서도 인사는 평생 안고 가야 할 숙제이기도 하고요. 신제품 계획은 어떤가요?"

"그렇지 않아도 이번에 기획부서와 연구개발부서에서 신제품 기획안을 하나 냈는데 의견이 분분하네요."

"신규 사업에 대해서 임직원들의 반대가 심한가요?"

"네, 그러네요."

최 사장이 힘없는 소리로 대답했다.

"원래 신규 사업에는 벽이 많습니다. 특히 임직원들이 변하려고 하질 않죠. 옛날 제품과 옛날 방식이 편하거든요. 무릇 변화란 실제보다 훨씬 더 크게 보이는 법이니까요. 반대 이유도 잘 들어보시면 사업계획을 세우는 데 도움이 될 겁니다. 그러고도 옳다고 생각하시면 사장님의 판단을 믿어보세요. 단순히 감각에 의존하기보다는 정확한 데이터와 자료에 근거해서 문제점과 대안을 제시하는 시나리오 경영이 필요합니다."

정확한 데이터와 자료라……. 살아생전 모든 행동에 숫자를 접목하던 남편이 떠올랐다. 영업도 예외는 아니었다. 남편은 살아있을 때 회사 곳곳에 '1방 3콜'이라는 문구를 붙여놓았었다. 영업에 대해서는 무수한 이론과 많은 노하우가 있지만, 하루에 1곳 방문, 3곳 전화라는 '1방 3콜'만큼 실행력을 높이는 단순한 메시지가 없었다는 생각이 들었다. 숫자만큼 목표와 방향을 구체화하는 것이 없었다. 그래서 경영은 숫자를 다루는 과학이라고 하는 것 같았다.

회사의 가치는 안정성, 수익성, 성장성으로 평가하는 것이 일반적이다. 시장은 성장성으로 회사를 평가하고 싶어 하지만 성장성이 높으면 안정성은 위협받을 수밖에 없다.

그러나 허준 회계사가 말하길, 이는 그저 느낌일 뿐이고, 회계를 통해 객관화하면 안정성을 유지하면서 성장성 목표를 달성할 수 있다고 했다. 단순하고도 의미가 담겨 있는 숫자 목표를 제시할 때 직원들의 공감을 얻을 수 있다는 것이다. 합리성과 숫자가 지배하는 세상에서 감각에 의존하는 경영 방식은 설 자리를 잃고 있었다.

일단은 지금 생산하고 있는 상품에 대한 검토부터 시작해 고객과 임직원의 생각을 모으는 게 우선이었다. 그다음 신규 프로젝트에 대한 사업계획을 세운다면 더 현실적인 방안이 나올 것 같았다.

최영순 사장은 안정성 지표로 부채비율, 수익성 지표로 매출액이익률, 성장성 지표로 매출성장률을 설정하여 이번 프로젝트에 반영하기로 마음먹었다. 오랜 사색과 고심 끝에 내린 결론이었다.

성장이냐
안정이냐

경영진과 경영지원팀이 수개월 동안 아이디어를 동원하여 비밀리에 기획한 'S프로젝트'의 전말이 드디어 공개됐다. 기존의 주력 상품인 LCD 모니터보다 해상도를 높이면서도 가볍고 얇은 OLED 모니터가 바로 그 주인공이었다. 브랜드 이름도 기존의 '클린'에서 한 단계 업그레이드되었다는 뜻으로 '클린업'이라고 잠정적으로 붙여놓았다.

하지만 클린업 출시에 대해서는 아직까지 회사 내에서 논쟁이 많았다.

"LCD 모니터인 클린은 우리 회사의 근간이 되는 사업입니다. 그러나 최근 글로벌 경기 침체와 엔데믹 시대로 접어든 이후 TV 수요가 줄어들고 세트업체들이 디스플레이

패널 구매를 줄이면서 창고에 LCD 재고가 잔뜩 쌓이고 있습니다. 코로나 특수기간에 과잉 공급된 패널 재고 문제까지 겹치면서 결국 LCD 가격도 30퍼센트나 다운된 상황입니다. 이대로 클린에 의존하다가는 몇 년 지나지 않아 회사가 존폐 위기를 맞게 될지도 모릅니다."

최 사장은 임원들에게 클린업의 필요성을 역설했다. 회사란 움직이는 것이어야 했다. 경영에서 변화하지 않으면 죽음뿐이라고 생각했다. 모든 일은 때가 있어서 지금 그 때를 놓치면 다시 시작하는 것이 불가능해 보였다.

"그래서 이번에 우리 팀에서는 클린의 핵심 노하우를 활용하여 전혀 새로운 기능의 클린업을 기획했습니다. 앞으로 OLED 모니터가 모니터 시장의 대부분을 잠식할 것으로 보입니다. LCD 가격이 회복될 어떤 신호도 안 보이기 때문에 OLED 중심의 고부가가치 제품으로 체질 개선을 통해 수익성을 강화하지 않으면 생존 자체가 불확실해집니다."

정태호 상무가 최 사장의 의견에 동조하자 생산1팀 유영철 상무가 물었다.

"클린업은 기존의 클린과 비교해서 어떤 점이 다른가요?"

정 상무가 대답했다.

"화질과 선명도, 채도 모든 면에서 업그레이드하였으며, 컴퓨터 본체와의 반응속도도 클린에 비해 훨씬 빨라졌습니다. 무엇보다도 곡면 디스플레이가 가능하다는 점이 강점입니다. 클린업의 가격은 클린의 두 배 정도로 책정될 예정입니다."

"클린업이 클린에 비해 얇고 가볍다고 해도 고객들이 클린의 두 배나 되는 가격을 내면서까지 사용할까요? 왜 이렇게 복잡하게 갑니까? 단순하게 합시다."

유영철 상무가 반대하는 목소리를 높였다. 누군가의 입장에서는 변화가 한없이 좋은 것만은 아니었다. 이기적인 생각이지만 때로 변화는 누군가를 위험에 빠뜨리기 때문이었다.

"유 상무님, 무조건 가격을 올리는 건 위험하지만 가격을 올리면 무조건 매출이 감소할 거라고 여겨 시도조차 해보지 않는 것은 더 위험합니다. 가격을 올려도 그 이상의 가치를 느끼게 만들면 소비자는 그 가격을 기꺼이 지불하기 마련입니다. '싼 가격'이 아니라 '이익이 가장 많이 나는 가격'을 찾는 것이 가격 결정의 중요 원칙입니다. 고객들은 원하는 것도 다르고, 지불하고자 하는 가격도 다르기 때문에 일반 제품과 프리미엄 제품으로 제시하여 많은 고객에게 어필할 필요가 있습니다. 게다가 가격 인상은 큰 추가 비용 없이 이익을 올리는 좋은 방법이기도 하고요."

정태호 상무는 클린업의 예상 매출과 비용, 그리고 소비자조사 결과를 근거로 제시했다. 최 사장도 정태호 상무의 사업 구상을 철저하게 믿고 있는 눈치였다.

"현재의 인원과 설비는 클린업을 생산하기에는 턱없이 부족합니다. 그리고 클린의 생산만으로도 현재 생산 설비를 100퍼센트 가동하고 있는데 클린업을 생산한다는 건 무리입니다. 또한 충분히 뿌리내리지 못한 상황에서 급속한 성장을 시도하다가는 악천후 한 번에 무너질 위험이 있습니다."

유 상무의 말투에는 가시가 돋아 있었다. 성장을 추구하려면 실패도 감수해야 하지만, 그는 과거에만 머무르고자 했다. 새로운 것을 낯설고 불편한 것으로 받아들이며 변화보다는 안정에 의존했다. 오래된 관습에 사고력이 제한됐다.

"물론 완전히 새로 투자한다면 부담이 될 수 있지만 클린업의 기본 공정은 기존의 클린과 유사해, 클린의 생산라인을 약간만 변경해 활용한다면 대규모 투자 없이도 생산이 가능하리라고 봅니다."

"그렇습니다. 또한 클린을 만들던 직원 중 상당수는 클린업 생산으로 재배치가 이루어질 겁니다."

"성장 속도에 집착하다 보면 조직 분위기에도 문제가 생깁니다. 노조도 가만히 있지 않을 겁니다. 그리고 클린 생산에 익숙한 근로자들도 상당한 거부감을 가질 것입니다."

"모든 것은 변합니다. 시대도 변하고요. 기업도 그에 따라 변해야 하죠. 기업은 성장하기 위해 있는 것입니다. 날기 위해 만든 비행기를 위험하다고 땅에만 세워두어서는 안 되겠죠."

유영철 상무는 이제 노조의 반대를 들먹이면서 클린업의 출시를 반대하고 나섰다. 정 상무는 안정과 관습은 전혀 다른 것이라고 생각했다. 안정이라는 이름으로 변화를 거부하는 것은 단지 관습을 택하는 것과 같았다.

정 상무는 말을 이어나갔다.

"클린업 생산이 클린에 비해 시간이 많이 들고 새로운 생산기술을 요구하는 것은 맞습니다. 그러나 우리는 낡은 지도를 불태우고 새로운 지도를 다시 그려나가야 합니다. 클린의 안정적인 이익은 우리를 새장 속에 갇혀 살게 만드는 것입니다. 그것을 포기해야 자유로움을 얻을 수 있습니다. 과거에만 머물러 있으면 앞으로 나아갈 수 없습니다."

최영순 사장까지 대놓고 정태호 상무 편에 서서 이야기하자 유영철 상무는 반발심에 반대 의견을 더욱 거세게 밀어붙였다.

성장을 하면서 돈을 벌려면 성장과 안정 2단계를 함께 거쳐야 한다. 그러나 두 가지가 양립할 수 있을지를 두고 혼란이 왔다. 경영현장은 적자생존 원리에 따라 서로 경쟁하면서 우월한 기업만이 살아남는다. 비즈니스 세계는 냉혹했다. 지배하느냐 지배당하느냐 둘 중 하나였다. 이런 상황에서 경영진은 회사의 미래를 위해 성장이 필수적이라고 생각하고 있었다. 그러나 유영철 상무는 회사가 안정된 후에 신제품을 출시하는 게 좋겠다는 의견을 반복했다. 성장과 안정을 두고 양측이 팽팽히 맞섰다.

사실 비정한 비즈니스 현장에서 성장과 안정은 동의어나 다름없다. 공격이 최고의 수비인 것처럼 성장은 다른 한쪽의 안정과 맞닿아 있기 때문이다. 투자의 프레임에 따라 바라보는 시각이 다를 뿐이다. 같은 숫자라도 프레임에 따라 결과가 나오는 것이다.

최영순 사장에게 속도의 경쟁은 죽느냐 사느냐의 문제

였다. 새로 태어나려면 현재를 깨뜨려야 했다. 1등은 모든 것을 가지지만 2등은 아무도 기억해 주지 않았다. 승자가 모든 걸 갖고 패자는 추락해야 하는 냉혹한 현실이 최영순의 어깨를 짓눌렀다.

신규 사업을 벌이기에는 자금 사정이 어의치 않으니 옛것을 하루아침에 버리고 완전히 뒤집기보다는 클린을 업그레이드하자는 유영철 상무의 말이 전혀 틀린 건 아니었다. 하지만 그가 클린업을 반대하는 더 큰 이유는, 신기술이 도입될 경우 자신의 자리가 위험해질 것이라는 불안감 때문인 듯했다.

성장과 안정이 양립할 수 있는가? 성장과 안정 사이에서 어떻게 균형을 잃지 않고 조화로움을 지켜나갈 것인가? 사실 이 문제는 모든 기업의 고민이다. 성장에 치중하면 일순간에 무너질 수 있고 안정에 치중하면 도태될 수 있다. 성장을 하면서도 기반을 다져야 하고, 안정적이면서도 뒤처지지 않아야 했다. 어떤 것이 좋고 나쁜지 누가 알겠는가? 결과가 과정을 정당화하는 경영현장에서는 좋고 나쁨을 분간하기란 쉽지 않은 일이었다.

결국 회사의 자금력, 투자금액과 예상매출액 등 상세 자료를 준비해 다음 이사회 때 이 문제의 결론을 내기로 했다.

엄청난 투자가 들어간 클린업이 어떤 역할을 해낼지는 알 수 없었다. 다만, 반드시 무언가를 해내야만 했다.

최영순 사장은 남편이 아직도 이 방, 사장실 안에 있는 듯했다. 곳곳에서 남편의 얼굴이 보였고, 남편의 목소리와 발소리가 들렸으며, 남편의 향기가 느껴졌다. 남편을 다시 살려낼 수는 없지만 남편의 목소리는 살아 있었고 남편의 말을 들을 수 있었다. 그러자 최 사장은 자신이 아무것도 아닌 것처럼 느껴졌다. 아침부터 저녁까지 사무실에서 꼼짝도 하지 않고 자리에 앉았다 일어서기를 반복하다가 생각에 잠겼다.

그러다가 문득 허준 회계사가 생각났다. 그러면 이 문제를 해결할 힌트를 줄 수 있을 것 같았다.

최영순 사장은 전화기를 들었다.

"회계사님, 안녕하세요?"

허준 회계사는 여러 가지 이야기로 최영순 사장의 마음을 편안하게 해주었다. 그리고 최영순 사장이 본론을 이야기할 수 있도록 대화를 이끌었다.

"아, 최 사장님. 신규 사업은 잘 진행되고 있나요?"

"그렇지 않아도 그것 때문에 전화를 드렸습니다. 직원들과 터놓고 이야기하는 게 생각보다 힘드네요. 이번 클린업만 보더라도 회사를 위해서 꼭 필요한 제품인데 직원들은 자꾸 기존 제품에만 의존하려 합니다. 어떻게 해야 직원들과 마음을 열고 이야기할 수 있을까요?"

"원래 의도적으로 설득하려고 하면 메시지가 잘 전달되지 않으니, 설득하려 할수록 직원들은 더욱 멀어질 겁니다. 서로 생각의 차이가 너무 크기 때문이죠. 커뮤니케이션의 기본은 서로 동일한 언어로 이야기하는 것인데 서로 관점이 다르니 다른 언어로 이야기하게 되고, 따라서 커뮤니케이션이 원활히 이루어지지 못하는 겁니다."

"다른 언어라니요? 그게 무슨 말이죠?"

최 사장의 질문에 허준 회계사는 잠시 생각을 정리한 후 입을 열었다.

"흔히 커뮤니케이션 수단으로 사용하는 '말'은 공통 관심사를 이야기할 때에나 유용합니다. 그런데 '성장'은 사장님의 관심사항일지는 몰라도 직원들의 관심사항은 아닌 것 같군요."

"네, 제 말이 그 말이에요. 회계사님도 알다시피 지금 신제품을 개발해서 성장하지 않으면 어느 순간 회사는 사라지고 말 거예요. 그런데 직원들은 그 사실을 모르는 건지, 극복할 의지가 없는 건지, 도통 관심을 보이지 않으니 답답하네요."

"직원들 스스로 변할 수 있도록 돕는 게 우선인 것 같습니다. 물론 거기에는 사장님의 신념과 확신이 있어야 하고요. 다만 변화의 속도는 조절해야 합니다. 변화를 향해 너무 빨리 달려가다 보면 오히려 직원들의 혼란만 가중시킬 수 있거든요."

허 회계사는 최대한 감정을 싣지 않으려는 듯 천천히 말했다.

그의 말대로 지금 회사는 사업의 방향과 속도 모든 면에서 소통이 안 되고 있었다. 한 방향으로 가고자 했지만 실제로는 다른 방향으로 걸어가고 있었다.

직원들의 화합이 먼저 이루어져야 회사의 대사를 도모할 수 있을 터였다. 그래서 최 사장은 한 방향으로 가기 위한 소통 창구를 생각해 보았다. 일단 말보다는 글이 나을 것 같았다. 말이란 참으로 미묘해서 같은 말도 말하는 사람의 의도와 듣는 사람의 해석이 완전히 달라질 수 있기 때문이다. 그러나 글은 한 번이라도 더 생각하고 고쳐 쓰기 마련이고, 기록으로 남기 때문에 더 좋을 듯했다. 간편결재와 보고용 메신저를 탑재한 회사 커뮤니티, 유튜브, 인스타그램으로 소통하면 조금 더 대화가 잘될 것이라는 생각이 들었다. 여기에 더해 스마트폰 등 디지털 기기에 익숙한 MZ세대 직원들을 위해 대면 보고 양식에서 벗어나 비대면 보고 문화를 만들기로 했다. 코로나 팬데믹을 거치면서 임직원들이 비대면에 적응하게 된 것도 좋은 타이밍이었다.

경영지원팀에서는 누가 유튜브와 인스타그램을 담당할지를 놓고 치열한 눈치 전쟁이 벌어졌다. 신규 업무는 업무 범위가 명확하지 않아 바쁜 반면 아무리 잘해봐야 본전인 경우가 많기 때문이다.

"홍 대리가 제일 젊지? 가장 관심이 많을 것 같은데⋯⋯."

박철진 대리는 한 발 빼면서 홍 대리에게 화살을 돌렸다.

"홍 대리 어때?"

배 차장도 홍 대리 쪽으로 몰아갔다.

"네? 제가요?"

사실 홍 대리는 SNS에 관심도 없는 데다 잘 알지도 못했다. 그런데 갑자기 자기 쪽으로 시선이 쏠리자 당황스러웠다.

"'제가요'라니. 우리 때는 회사 지시에 토 달지 않고 충직하게 수행하는 것이 미덕이었는데 요즘 세대들은 자기 일 아니면 신경을 안 쓰려고 한다니까."

"자, 그럼 회사 SNS 담당은 홍 대리로 결정하겠습니다. 이의 있습니까?"

"없습니다!"

팀원들은 박수를 치면서 큰 소리로 대답했다.

얼렁뚱땅 담당자를 정하고는 홍 대리의 의견을 들어보지도 않고 회의 주제는 다음 안건으로 넘어가고 있었다. 그들에게 홍 대리의 의지는 중요하지 않아 보였다.

다음 주제는 클린업 사업계획서 작성에 대한 것이었다. 경영진은 사업계획서에 투자 규모와 예상매출액에 대한 자료를 넣으라고 지시했고, 이는 신성훈 부장이 총괄하기로 했다.

"사업계획서는 한 달 안에 마무리해야 하네. 추가적으로 들어갈 만한 내용은 뭐가 있을지 한번 의견들 내보라고."

신성훈 부장의 말에 또 서로 눈치만 보면서 입을 다물었다.

"사업계획서가 우리 같은 회사에 정말 필요하기는 한가요?"

정적을 깨고 박철진 대리가 퉁명스럽게 물었다.

"정말 필요 없는 작업이에요. 이미 결정된 것 아닌가요? 사장님이 결정했으니 그에 맞게 대강 시장 규모와 점유율을 곱해서 이익이 나는 걸로 서류만 작성하면 되겠네요."

모두가 선뜻 말을 꺼내지 않은 이유가 바로 이것이었다. 사업계획서는 경영자의 생각을 반영하여 앞뒤를 맞춰 서류로 꾸미는 형식적인 작업이라 여긴 것이다.

이런 분위기를 예상은 했지만 그냥 넘어갈 수도 없다고 생각했는지 신성훈 부장이 엄숙한 어조로 말했다.

"사장님이 사업계획서를 외부 보고용으로만 생각하게 된 데는 우리 잘못이 큰 것 같네."

"시킨 대로 한 것뿐인데 왜 또 저희 잘못이라는 거죠?"

박철진 대리가 반론을 제기했다.

"바로 그게 잘못인 거야. 항상 누구를 위한 보고인가를 생각해야 하는 것이지. 사장님은 회계를 모르셔서 회계 자료를 그저 주주나 채권자에게 보고할 자료로만 여기시네. 그러나 주주나 채권자는 회계 정보를 보고 회사를 믿을지 말지 결정하지. 회사를 이끌어가는 사장님이 회계 정보를 중요하게 생각하지 않는다면 여러 사람을 기만하는 셈이야. 사장님이 재무 정보에 기초한 의사결정을 내릴 수 있도록 우리가 도와야 해. 회계인은 경영자의 조력자이자 파트너가 되어야 하는 걸세."

묵묵히 듣고 있던 배석재 차장이 불쑥 한마디 던졌다.

"그런데 사장님이 저희 말을 들으려고 하겠습니까?"

축구로 치면 회계인은 마치 골키퍼와 같았다. 골키퍼가 평소에는 사람들의 시선을 받지 못하다가 공이 골대로 왔을 때만 등장하는 것처럼, 회계인도 소외된 채 살아가다 문제가 터져야 관심의 대상이 되는 경우가 많기 때문이다.

신성훈 부장이 배석재 차장을 돌아보았다.

"인식하지만 실천하지 않는다는 것은 우리의 노력이 부족했다는 뜻이지. 사장님이 회계 정보의 필요성을 깨닫게 하는 노력이 없었던 거야. 그래서 사장님도 회계 정보를 외부 보고용으로만 여기고 사후적인 절차라고 생각하는 것 아닐까? 나에게 집중되어 있는 관심을 타인에게로 옮겨야 이야기가 시작되는 법이지. 우리가 하고 싶은 이야기 대신 정보 이용자가 듣고 싶은 이야기를 정직하게 해야 하는 거라네."

신성훈 부장은 팀원들을 둘러보며 말을 이었다.

"우리가 하는 일은 비즈니스이고, 이를 숫자로 바꾼 것이 회계지. 회계는 다양한 경영의 코드들이 저장되어 있는 압축파일이야. 그러니 비즈니스를 하는 사람은 항상 회계를 하고 있는 셈이지. 그런데 우리는 비즈니스를 숫자로 바꾸고 나면 우리 일이 끝난 것으로 여기고 있어. 회계는 경영 흐름에 대한 완벽한 알리바이일세. 미래 시점에서 회사의 과거를 보게 만들지. 그러나 회계를 하는 사람은 경영을 모르고, 경영을 하는 사람은 회계를 모르는 경우가 많아. 그러니 경영과 회계의 연결고리를 찾는 것이 회계인의 임무인 셈이지."

회계에는 회사 밖에 있는 사람들 입맛에 맞게 외부 보고용 목적으로 작성하는 재무회계와 내부 임직원들 입맛에 맞게 작성하는 관리회계, 세금 납부를 위해 작성하는 세무회계가 있다. 그런데 사람들은 재무회계와 세무회계만 생각할 뿐 관리회계에는 관심을 두지 않고 있었던 것이다. 그런데 요즘 화두가 되고 있는 ESG에서는 회계정보 외에도 다양한 이해관계자들의 여러 관점을 포괄하는 지속가능보고를 강조하고 있었다.

"그렇다면 우선은 과거 클린에 대한 재무정보를 분석하면 시장 규모나 매출이익을 예상할 수 있지 않을까요?"

"좋습니다. 기존 클린의 투자 금액과 투자이익률을 분

석해야겠죠. 클린과 클린업이 전혀 별개는 아닐 거예요. 클린업은 클린의 핵심기술을 응용한 것이니 투자 금액이나 비용 구조가 유사할 가능성이 있어요. 기존 클린의 시장점유율을 분석하고, 클린업을 사용함으로써 클린을 포기하는 고객의 매출도 고려하면서 매출을 추정하면 되겠죠."

"생산1팀에서는 반대가 심하다는 소문이 있던데, 혹시 우리 팀에서 신규 사업을 부추긴다고 오해하는 건 아닐까요?"

이현숙 주임이 평소와는 달리 목소리를 낮추며 말했다.

"새로운 사업에는 항상 위험이 따르게 되어 있지요. 그러나 기업들이 투자를 통해 성장하지 않으면 그 피해가 국민에게 간다고 생각합니다. 기업이 제자리면 일자리도 창출되지 않고, 수익성이 악화되면 구조조정이 이루어지겠죠."

신성훈 부장의 긴 말에도 아랑곳없이 배석재 차장이 다시 입을 삐죽거리며 말했다.

"문제는 자금 아닌가요?"

모두 우려하고 있는 바였다. 사업이 실패하는 가장 큰 이유 중 하나는 능력보다 더 많은 것, 더 큰 것을 하려 들기 때문이다. 사업으로 벌어들이는 현금 범위 내에서 투자를 하고, 성장 단계에서 쓰러지지 않으려면 현금에 역점을 둬야 한다. 결국 유동성 위기는 현금부족에서 발생하기 때문이다.

"그 문제는 일단 사업계획서를 완성한 다음에 생각해 보도록 합시다. 자금조달은 신규 투자나 증사로도 가능하니까요."

자리로 돌아온 홍 대리에게는 두 가지 고민이 생겼다. SNS 담당자가 된 것도 부담스러웠고, 처음으로 사업계획서 작업을 하려니 조금 걱정되기도 했다. 능력 이상의 임무를 맡은 듯해 당황스러웠다. 커뮤니케이터 역할을 하기에는 회계 경험이 일천할뿐더러 모든 것이 낯설었다. 하지만 항상 일은 엉뚱하게도 분위기 파악이 덜 되어 피할 곳을 찾지 못한 사람에게 떨어지기 마련이다.

그러나 전부터 부서 간의 커뮤니케이션에 문제가 있다고 여겼기에, 이번 업무는 어쩌면 그간의 고민을 풀 기회일 수도 있다는 생각이 들었다. 사람은 한 가지 일을 겪어야 한 가지 지혜가 자라는 법이다. 홍 대리는 노력해서 임무를 제대로 해내자고 마음먹었다.

오른손에는 능숙함이 있고

왼손에는 절약이 있다.

- 이탈리아 속담

회계를
통한
커뮤니케이션

일단 열심히 해보기로 마음은 먹었지만 어디서부터 어떻게 시작해야 할지 감을 잡기가 어려웠다. 상사나 다른 사람들에게 자문을 구하는 게 좋지 않을까 생각도 했지만, 귀는 모두에게 입은 소수에게 열고, 모든 의견을 수용하되 판단은 보류하라고 했다. 일단은 <u>스스로</u> 생각하고 고민해 보는 게 순서일 것 같았다.

'내가 다른 부서 사람들이랑 말이 안 통해서 힘들었던 적은 언제였지? 그래, 지난번 부가가치세 신고 때도 영업부서랑 생산부서에서 불만이 많았지. 그 이유가 뭐였지?'

홍 대리는 문득 '바벨탑의 저주'가 생각났다. 신은 인간이 바벨탑을 쌓자 언어를 다르게 하여 서로 소통하지 못하게 하지 않았던가?

그러나 언어만 같다고 소통이 되는 것은 아니었다. 소통을 의미하는 단어인 커뮤니케이션Communication은 '함께'라는 라틴어 'cum'과 '도와주다'라는 'munire'가 합쳐진 말이다. 소통에서 중요한 점은 내가 말하는 것이 아니라 상대를 도와주는 공동체의식이라는 의미다.

곰곰이 생각해 보니 영업부서와 생산부서는 회계에 대해 전혀 모르는데 경영지원팀은 당연히 알 것으로 생각하고 자료를 요청했다. 그게 문제였던 것 같다. 사장이 되어 보지 못한 직원들이 사장의 아픔을 알 수 없듯이, 현장에 가지 않는 회계인은 현장을 제대로 이해할 수 없다.

영업팀에 있을 때 팀장님은 '제발 좀 알아서 챙기라', '눈치껏 하라'는 말을 입에 달고 살았다. 말귀를 알아듣고 처리하는 게 몸에 밴 분이었다.

전통적인 의사소통 방식은 논리보다는 직관, 정량적이기보다는 정성적인 경우가 많다. 상사와 부하는 경험과 지식에 차이가 있다. 그래서 대화를 하다 보면 부하 직원이 이해하기 힘든 경우가 있다. 그런데 회계부서에 와서 지내다 보니 홍 대리 또한 영업팀장처럼 다른 부서 사람들에게 알아서 가져오라고 요구하고 있었던 것이다.

다른 팀에서는 회계팀이 잘 알려주지는 않으면서 규정대로 안 되어 있다고 늘 닦달하고 독촉만 한다며 불만이었다. 특유의 폐쇄주의 때문에 결국은 회계인도 불행해질 것만 같았다.

홍 대리의 생각이 여기까지 미치자 숫자를 활용한다면 직원들의 마음을 회계로 한 데 모을 수 있을 듯했다. 직원들은 회사가 어떤 방향으로 나아가려고 하는지 회계를 통해 알 수 있고, 경영진은 회계를 통해 비전을 전달할 수 있을 것이다. 언어는 말하는 사람과 듣는 사람이 다르게 받아들일 수 있지만, 숫자는 전 세계 사람이 똑같이 받아들일 수 있는 것이다. 어느 나라를 가더라도 숫자는 유일하게 알아볼 수 있는 언어일 테니 말이다.

회계는 경영의 세계를 바라보고 인식하고 상호작용하는 과정으로, 회사를 둘러싼 사람들의 사고방식과 행동을 결정하고 있었다.

커뮤니케이션과 비전의 실행이라는 두 핵심 문제도 회계를 활용한다면 간단해질 것이다. 결국 소통을 위해서는 모든 것을 숫자로 말해야 공감과 이해를 끌어낼 수 있을 듯했다.

어렴풋하긴 하지만 왜 회계를 비즈니스 언어라고 하는

지 이해할 수 있을 것 같았다. 회계는 재무제표를 작성하기 위해 회계처리를 암기하는 것이 아니라 회사의 역사를 말하고 회사의 미래와 대화하기 위해 필요한 것이었다. 과거를 돌아보는 문이며 미래를 내다보는 창이었다. 회계를 통해 그동안 잊고 있었던 기업의 역사적 사실들을 알 수 있고 기업이 나아갈 방향을 가늠해 볼 수 있기 때문이다.

로마는 사람의 왕래를 촉진하기 위해 길을 만들었고, 중국은 사람의 왕래를 차단하기 위해 만리장성을 쌓았다. 이 사고방식의 차이가 중국과 로마의 운명을 갈랐다. 회계도 성벽을 허물고 길을 만들 필요가 있다.

회계가 앞으로 나가야 할 방향은 자명했다. 회계는 개방적이고 열린 영역이 되어야 했다. 그것이 회계가 살아남을 유일한 방법이기도 했다.

홍 대리는 10년 전만 해도 비싼 돈을 주고 카페에서 커피를 마시는 사람들이 이해가 안 됐다. 밥값만큼 비싼 커피를 사 마시면서 노닥거리는 사람들을 이해하기 어려웠다. 하지만 이제 커피에는 단지 음료 이상의 의미가 있음을 이해하고 있다. 커피는 사람과 사람의 관계를 만들어주고 갈등 해결의 매개체로 쓰이기도 했다.

문득 회계가 커피와도 닮았다는 생각이 들었다. 회계로

나타낸 숫자는 그 자체로는 아무런 뜻을 가지지 못한다. 그러나 커피의 핵심이 커피 그 자체가 아니라 사람이듯이 회계의 핵심도 숫자가 아니라 사람 간의 관계에 있을지 모른다. 회계는 비즈니스에서 서로의 관계를 만들고 대화하기 위해 필요한 존재였다.

회계로 대화할 때 그들은 서로 신뢰했고 서로의 마음을 이해할 수 있었다. 비즈니스에서 회계는 상대의 진짜 생각과 행동을 이해하는 가장 확실한 도구가 되었다. 말은 감정을 솔직하게 표현하지 못하기도 하지만, 숫자는 이성적으로 상대방의 속마음을 들추어내게 만들었다. 회계로 말하고 듣고 숨 쉰다는 말의 의미를 이제는 조금 알 것 같았다.

영업부서에서는 매출 확대를 위한 대책 회의가 계속해서 이루어졌다. 각 영업지점들도 한 달에 한 번은 본사에서 열리는 전체회의에 참석했다. 최 사장이 취임 첫해 매출 성장을 강조해 작년 매출은 괄목할 만큼 성장했다는 평가였다. 그러나 올해는 경쟁업체들의 기술 개발과 신제품 발표 등이 잇따르고 있어 작년보다 힘들 거라는 전망이 나왔다. 영업담당 상무가 영업소장들에게 더욱 노력해 줄 것을 당부하자 동남아 지점장이 손을 들었다.

"요즘 영업환경이 좋지 않습니다. 과다 경쟁으로 시장 점유율이 감소하고 있습니다."

"말이 틀린 것 같은데 솔직히 말합시다. 감소하고 있는 것이 아니라 이미 감소했죠."

"클린만의 독특함이 부족해 가격경쟁밖에 대안이 없습니다. 그렇다고 가격을 더 인하할 여건도 안 됩니다. 마진율이 거의 없기 때문에 더 이상 가격을 할인하면 손해 보면서 팔아야 합니다."

영업상무가 잠시 생각하더니 말을 꺼냈다.

"올해의 최대 목표는 매출 증가입니다. 매출이 증가하지 않으면 영업지점에 구조조정이 있을 겁니다. 대신 매출 확대를 위해 영업담당 책임자로서 약속합니다. 판매장려금을 전년대비 10퍼센트 증가시키고 반품 기간을 3개월에서 6개월로 연장하도록 하겠습니다. 매출채권 회수기간도 1개월에서 3개월로 연장하는 것을 허용합니다."

매출채권 회수기간이 3개월이라면 일반적인 대기업의 38일은 물론이고 중소기업의 64일보다도 훨씬 긴 기간이었다. 매출채권 회수기간이 늘어나면 매출채권 회전율이 낮아진다. 즉, 3개월 동안 현금이 잠기게 되어 회사의 자금 부족이 더욱 심화될 수 있다.

매출이라는 목표는 다른 숫자 목표로부터 직원들의 눈을 멀게 했다. 손익분기점을 달성하기까지는 매출이 이익을 위한 재료가 되지만 이미 안정 단계에 있는 시장에서는 당장 이익이 나지 않으면 매출이 늘어도 이익이 나지 않는 법이다.

같은 시각, 생산팀장들도 모여 전략회의를 했다.

"올해의 최대 목표는 매출 성장이라는 거, 모두 알고 계실 겁니다. 생산팀에서는 매출 확대를 위해 제품의 생산성을 최대한 높이는 데 주력할 것입니다."

하지만 영업팀과 생산팀의 전략은 당장의 매출 성장 효과는 있을지 몰라도 현금 사정을 형편없게 만드는 것이었다.

"영업부서와 생산부서에서 회사의 목표를 잘못 이해하고 있는 것 같습니다. 영업부서는 오직 매출 증가만을 위해 가격을 할인하거나 회수기간을 연장하다 보니, 겉보기에 실적은 좋아졌지만 회사 전체적으로는 자금 회전이 잘 안 되고 있습니다. 생산부서도 생산성 향상에만 역점을 두고 있어서 팔리지 않는 재고에 자금이 묶이는 현상이 일어나고 있습니다."

"아니, 회사의 목표를 생각하는 것이 아니라 부서의 이익만 생각한단 말입니까?"

상황을 보고받은 최 사장이 목소리를 높였다. 직원들은 전체를 보는 눈이 아예 없어지고 있었다. 같은 회사에서 일하고 있지만 일하는 방식은 제각기였다. 그들의 생각은 부분적으로는 틀린 게 아니었지만, 회사 전체가 아닌 부분적 질서에만 집착하고 있었다.

"영업부서나 생산부서는 자신들이 해야 할 일을 열심히 하고 있는 것이니 그들을 탓할 게 아닙니다. 오히려 회사의 목표를 위해 각 부서가 해야 할 일을 정확히 인식시키지 못한 경영지원팀의 책임이 더욱 큰 것 같습니다."

정 상무가 나지막한 목소리로 말했다.

사람은 기본적으로 이기적인 동물로, 자신의 이익을 위해 움직인다. 각 부서 직원들이 자기 부서의 이익을 위해 일하는 것도 어쩌면 당연했다. 문제는 부서의 이익이 회사의 이익으로 이어지지 못한다는 것이었다.

"그럼 어떻게 해야 할 것 같습니까?"

최 사장이 정 상무의 얼굴을 빤히 쳐다보았다. 그러나 정 상무도 좋은 생각이 떠오르지 않았다. 직원들 모두 열심히는 하고 있지만 경영진의 생각과는 많은 차이가 있는 게 분명했다. 그렇다고 무조건 경영진의 생각만을 강요할 수도 없었다. 하나부터 열까지 모두 위에서 결정하고 아래로 하달한다고 생각해 반발할 수도 있기 때문이다.

부서 사이에는 보이지 않는 벽이 존재했다. 폐쇄적이고 수직적인 조직문화는 협력하는 문화가 싹틀 틈을 주지 않을 정도로 회사를 황폐하게 만들어갔다.

이 시각 홍 대리 역시 비슷한 고민을 했다. 홍 대리는 남극 펭귄은 흩어지면 얼어 죽기 때문에 빈틈이 생기지 않게 수천 마리가 밀착하여 움직인다는 이야기를 어디선가 본 기억이 났다. 다른 생각과 다른 문화를 가진 사람들이 하나로 어울려 살아가는 지혜를 찾아야 했다. 문득 사람이 동물보다 똑똑하지만 항상 더 지혜로운 것은 아니라는 생각이 들었다.

'왜 이렇게 부서 간 이기주의가 팽배할까?'

그러나 인간이 아무리 이기적이라고 해도 인간의 본성에는 이와 상반되는 요소가 분명히 존재할 것 같았다. 다른 사람의 일에 관심을 가지고 타인이 행복해지길 바라며 공감하는 능력도 분명 있을 것이다.

곰곰이 생각해 보니 소통의 어려움은 부서 간 이기주의라기보다는 각 부서마다 자신들의 목표가 회사 전체의 목표에는 오히려 해가 될 수도 있음을 모르기 때문에 발생한 것 같았다. 영업부서는 열심히 팔고 생산부서는 열심히 만들면 회사에 도움이 되는 게 일반적이다. 하지만 '현금'이 개입되면 정반대의 결과가 나올 수도 있음을 각 부서들이 몰랐을 뿐이다.

회계의 역할은 각 부서 사람들이 하나의 생각을 갖게 하는 것이 아니라 각자의 생각을 존중하면서 조화를 이루도록 하는 것이 아닌가 싶었다. 각 부서의 역할에 충실하면서도 회사 전체의 목표에 연결되도록 도와야 한다는 생각이 들었다.

'어떻게 해야 부서의 목표와 회사의 목표를 일치시킬 수 있을까?'

회사의 이익과 개인의 이익 사이의 관련성을 찾아내느라 홍 대리의 생각이 깊어졌다.

사람들의 마음을
한 곳으로
모아라

커뮤니티를 통한 대화는 아무래도 한계가 있어 보였다. 회계를 매개로 어느 정도 커뮤니케이션 수준을 높였다고 생각했지만 그것만으로는 부족했다. 회사의 비전과 임직원 개개인의 비전을 일치시키기 위해서는 다른 방법도 필요했다.

홍 대리는 아침부터 모니터 앞에서 한숨만 푹 쉬었다. 책상 위의 종이에는 '회계, 신뢰, 목표, 커뮤니케이션' 등등의 글씨가 어지럽게 쓰여 있었다.

회계의 목적은 무엇이란 말인가? 회계는 회사와 관련된 이해관계자가 합리적인 의사결정을 할 수 있도록 회사의 경영활동을 숫자로 표시하여 신뢰성 있게 알려주는 것이다. 즉, 회계의 궁극적 목적은 이해관계자들에게 정보를 제공함과 더불어 더욱 큰 행복을 안겨주는 데 있다.

'그렇다면 회사의 이해관계자는 누굴까? 지난번에 신성훈 부장님이 투자자나 채권자, 회사의 경영자와 임직원, 정부, 거래처, 고객 등등 모든 사람이 이해관계자라고 했지.'

홍 대리의 생각은 꼬리에 꼬리를 물고 이어졌다. 이해관계자 중에서도 특히 임직원은 회계에 무지한 경우가 많다. 투자자나 채권자, 정부나 고객들은 그래도 회계를 통해 기업을 평가하려고 하지만 임직원은 그러려고 하질 않는다. 그렇기 때문에 회사의 전체적인 흐름을 읽기 어렵고 자기가 속한 부서의 업무만 눈에 보이는 것이다. 그것이 회사의 비전을 이해하지 못하고 임직원이 샛길로 새는 원인이었다.

회사의 비전이 위에서부터 아래까지 쭉 하나로 연결되도록 하는 게 관건이었다. 경영진이 자신의 의견을 일방적으로 관철시키려 할수록 직원들은 벽을 쌓아버린다.

'그래, 일단 교육을 통해 소통의 통로를 뚫어보도록 하자. 서로 직접 얼굴을 보고 바로바로 배우고 질문하면 많은 문제를 해결할 수 있을 거야.'

숫자가 없었다면 무얼 가지고 경영에 대해 알 수 있었을까? 회계는 경영의 흐름을 숫자로 표현한 것으로 직원들이 회사가 어떻게 흘러가고 리더들이 무슨 생각을 하고 있는지 알 수 있는 가장 객관적인 자료다. 홍 대리는 종이에 '회계=비즈니스 언어'라고 쓴 뒤 모니터에 새 글 창을 열고 '회계 교육 기획안'이라는 제목의 문서를 작성하기 시작했다.

일단 제목을 적긴 했는데 하얀 문서창을 보니 막막한 기분이 들었다. 우선은 막연하게 회계에 대해 가르치는 것이 아니라 임직원들의 힘을 회사의 비전으로 모으는 교육이어야 한다는 데서부터 가닥을 잡아나갔다. 생산팀이든 영업팀이든 각자의 역할이 회사에 어떤 영향을 미치는지 숫자로 이해할 수 있도록 만들어야 했다.

증빙을 기초로 회계처리를 하고 재무제표를 만드는 것만으로 진정한 회계인이 될 수는 없다. 회사에서 일어나는 일들에 대해 그 의미를 눈이 아니라 마음으로 보아야만 제대로 된 회계를 할 수 있다. 회계야말로 가장 생생한 경영의 기록이기 때문이다. 경영 흐름을 숫자로 분석하여 숫자의 의미를 발견하고 관리가 되도록 직원들로 하여금 소통하게 해야 했다.

일주일에 한 번씩 세미나 형식으로 회계 교육을 실시하는 것으로 내용을 작성했고 교육은 신성훈 부장이 총괄하는 것으로 했다.

홍 대리는 작성한 기획안을 신성훈 부장에게 들고 갔다. 신성훈 부장은 흥미롭다는 듯 기획안을 넘겨보더니 따뜻한 눈길로 홍 대리를 바라보며 말했다.

"그래, 이런 시도가 우리 회사의 분위기를 바꾸는 작은 걸음이 될 수도 있겠지. 수고했네. 회계는 비즈니스 언어라고 하지. 그러니 회계 공부도 영어 공부처럼 해야 하는 거야."

"영어 공부처럼요?"

홍 대리는 신 부장이 전에도 말했던 영어 공부와 회계 공부의 관련성을 떠올렸다.

"그렇다네. 영어는 문법만 해서 되는 게 아니지. 듣기도 해야 하고 말하기, 읽기, 쓰기 모두 필요하네. 그중 하나라도 부족하면 반쪽짜리 영어가 될 수밖에 없어. 회계도 마찬가지지. 회계는 경영을 들어야 하고 경영을 말하기도 해야 한다네. 회계를 통해 경영을 읽어야 하고 경영을 쓰기도 하는 거야. 이것이 회계의 기본이고 기본에서 모든 것이 시작하는 거라고."

회계 교육에 대한 기획안은 정 상무와 최 사장의 결재까지 순조롭게 이루어졌다. 교육은 전 직원을 대상으로 했고, 허준 회계사가 강사로 초빙됐다. 최 사장은 회계 교육만이 아니라 자기가 직원들에게 하고 싶었던 말들을 허 회계사가 대신해 주길 기대했다.

회계 보드게임을 통해 회계와 경영을 함께 체험해 보는 것으로 세미나는 시작되었다. 보드게임을 통해 팀별로 회사를 운영해 보니 직원들도 조금은 큰 틀에서 자신이 하는 일을 바라볼 수 있었다. 또한 경영 현실에서 발생할 수 있는 시나리오를 만들어 조별로 모의경영을 하도록 한 뒤 그 내용이 어떻게 회계로 표시되는지를 이해하도록 했다.

회계를 잘하려면 상황을 잘 파악해야 한다. 경영은 회계를 구성하고 있는 상황이고, 회계는 경영상태를 그대로 숫자로 표시한 것이다. 즉, 회계를 이해하기 위해서는 경영 흐름을 이해하고 있어야 함을 알리는 것이 회계 보드게임의 목적이었다.

보드게임은 경영을 네 가지 흐름에서 구분하고 있었다. 사업을 위해 돈을 조달하고, 이 돈을 투자해 상품을 만들고, 이 상품을 팔아서 벌어들인 이익을 재투자하는 흐름이었다.

이것은 모든 업종에 공통적으로 적용되는 경영 흐름이었다. 한 부서에서만 일해본 사람들은 회사가 어떻게 흘러

가는지를 게임을 통해 경험할 수 있었다.

역할을 분담할 때는 되도록 실제 맡고 있는 일과 다른 역할을 맡도록 해서 다른 부서 입장에서 생각해 보도록 했다. 부서 간에 장벽이 생기고 사람들이 서로 협력하지 않는 것은 다른 부서의 업무가 자신의 일과 별로 상관이 없다고 생각하기 때문이다. 이런 생각을 깨뜨리는 것이 목표였다.

이 세미나는 비즈니스 감각을 키우는 동시에 상대의 입장에서 생각해 볼 기회를 제공해 주었다. 그들은 회계를 이해하지는 못했지만, 회계가 자신의 생활 전반에 영향을 미치고 있음을 알게 됐다. 숫자는 결국 회사를 구성하는 사람들의 행동까지 지배하고 있었다.

현실에서는 직원들이 기업의 목표를 이해하는 경우가 드물고, 각 부서의 목표와 기업의 목표가 일치하지 않는 경우가 많다. 그렇기에 기업의 비전을 향해 전 직원이 힘을 한 곳으로 모으는 것은 경영에서 가장 어렵고도 중요한 요소다.

세미나를 통해 재무제표의 숫자들이 무엇을 의미하는지를 파악하고, 각 부서의 역할 관계를 체험하도록 했더니 직원들이 그동안 회사에서 제시한 목표의 진정한 의미를 이해하기 시작한 것 같았다. 회계로 커뮤니케이션하기 시작한 것이다.

세미나를 시작한 지 얼마 되지 않아 각 부서에서 올린 교육 후기가 커뮤니티에 속속 올라오기 시작했다. 부서의 목표와 회사의 목표가 다를 수 있다는 사실이 직원들에게는 충격이었던 모양이다.

영업부서는 매출 극대화라는 목표를 가지고 있었다. 그래서 가격할인을 하고 또 할부를 통해 대금 회수기간을 연장해 주기도 했다. 신용도가 낮은 소규모 거래처까지 목표 고객으로 삼기도 했다. 그러나 이러한 목표는 영업부서의 성과를 높여주기는 하지만, 동시에 외상대금이 늘고 이익률이 낮아져 회사의 자금흐름에는 부정적일 수 있었다. 어떤 경우는 할인율을 잘못 계산해 원가보다 매출가격이 더 낮은 경우도 있었다.

영업부서는 매출 실적 외에도 매출액과 이익을 서로 비교하여 판매비용으로 얼마를 사용해야 하는지까지 생각하기 시작했다. 제품의 원가뿐 아니라 판매에 따라 변동되는 변동비는 물론이고 고정비에 대해서도 이해하고 있어야 했다. 매출채권과 매출원가를 매출액과 비교해 봄으로써 영업 실적이 회사에 실제로는 얼마나 도움이 되는지와,

반대로 뛰어난 영업 실적이 오히려 회사에 문제가 될 수도 있다는 사실도 깨달았다. 영업 실적을 높이기 위해서 판매비를 과다하게 사용하거나 외상판매를 하는 것은 오히려 회사에 손해를 줄 수 있었기 때문이다.

생산부서도 무조건 생산성만 높이는 것은 문제가 있음을 알게 됐다. 생산성을 높인다는 것은 좋은 의미이지만, 판매로 이어지지 않을 경우 재고자산을 높여 회사의 자금을 묶어버린다는 사실을 숫자로 확인했다. 그렇게 쌓인 재고는 유지보수비를 갉아먹고, 나중에 덤핑판매나 폐기처분으로 이어졌다.

생산성이 높은 회사일수록 회계를 모르면 문제가 드러나기 마련이다. 매입채무나 재고자산, 매출원가는 이들 부서가 반드시 함께 체크해야 하는 계정인 것이다. 생산부서와 영업부서의 소통 부재는 수요 예측을 더욱 힘들게 했다.

구매부서의 원가절감을 위한 대량구매 역시 구매부서의 성과는 높였지만 회사의 자금흐름에는 도움이 안 됐다. 이 역시 재고자산을 늘리기 때문이다.

영업부서는 지금까지 자금회전이 어렵다는 이유로 영업지점에 지급하는 판매수수료를 주로 매출 발생 시점에 지급해 왔다. 그러나 이후 대금 회수 시점에 판매수수료를 지급했더니 영업지점들도 대금 회수에 신경을 쓰기 시작했다. 영업부서는 수요량 예측과 판매 정보를 매일 실시간으로 생산부서와 구매부서에 전달하여 소통의 속도를 높이기로 했다. 생산부서는 생산 실적 외에도 매출액과 매출원가를 보면서 생산 경쟁력을 점검하기 시작했다.

홍 대리는 '회계를 통한 소통 과정의 변화가 직원들의 마음을 한 곳으로 모을 수 있다'는 것을 다시 한번 깨달았다. 회계를 기초로 한 소통이 직원들의 자발적인 수용과 행동을 이끌어내고 있었다. 회계는 경영의 속살을 있는 그대로 드러나게 만들었다.

재고자산이 적정수준에서 유지되고 있는지를 확인하게 해주는 지표는 재고자산 회전기간과 재고자산 회전율이었다. 재고자산 회전기간은 창고 속에서 잠자는 재고자산이 판매되는 데 며칠이 걸리는가를 나타내주는 지표인데, 홍 대리가 확인해 보니 회사의 재고자산 회전기간은 90일이 넘었다. 이는 재고자산 회전율을 떨어뜨리는 요인이었다.

몇 주 후, 사장실에서는 다시 신상품에 대한 논의가 벌어졌다.

"사장님, 다시 한번 생각해 주시기 바랍니다. 신규 시장을 개척해야 한다는 것은 잘 알겠습니다. 그러나 현재의 자금 사정도 생각해 주십시오."

유영철 상무는 여전히 절대 반대 의사를 고수했다.

"지금이 기회입니다. 클린업 리스크는 크지 않습니다. 기존 클린의 원천기술을 이용하기 때문에 생산1팀에도 큰 부담은 아닐 겁니다. 생산2팀은 긍정적인 평가를 하고 있더군요. 또 경영지원팀에서 작성한 사업계획서만 봐도 확실히 승산이 있다고 봐야 합니다."

최 사장은 클린업에 대해 확신을 가지고 유영철 상무를 설득했다.

정태호 상무도 거들었다.

"그리고 클린업에 투자하겠다는 사람들이 있어 자금도 큰 문제가 안 될 것 같습니다."

"누가 투자한다는 거죠?"

유 상무는 약간 놀란 듯이 물었다.

"제가 외국에 있을 때 함께 공부했던 친구가 외국계 사모펀드인 K펀드 한국지사장으로 왔습니다. 이번 클린업 프로젝트에 관심이 많아 긍정적인 보고서를 본사에 올렸다는군요. 이번 주 내로 결정이 날 것 같은데 투자가 거의 확실하답니다."

최 사장의 말에는 확신이 흐르고 있었다. 하지만 유 상무는 국내외의 사례를 들어가며 외국계 사모펀드의 문제점을 지적했다. 또한 이번 클린업이 잘못되면 회사 전체가 흔들릴 수 있다는 말로 성장보다는 안정을 추구할 것을 종용했다.

유 상무 말에도 일리가 있었다. 그러나 클린의 시장점유율도 낮아진 지금이 클린업 개발의 적기로, 이 시기를 놓치면 회사의 존립을 걱정해야 할 수도 있다. 정 상무는 K펀드의 투자 사례를 들면서 다른 외국계 사모펀드와 달리 철저하게 회사의 가치를 올리는 목적에서 투자한다는 말로 유 상무를 설득했다.

최 사장과 유 상무의 주장은 서로 팽팽해서 쉽게 결론이 나지 않았다. 유 상무는 차라리 M&A를 통해 신사업을 인수하는 편이 나을 것 같다는 쪽으로 주장의 방향을 틀었고, 최 사장은 M&A 대상이 없을뿐더러 클린업을 대체할 만한 제품이 시장에 없기 때문에 자체 개발이 훨씬 유리하다는 말로 응수했다. 칼과 방패의 싸움처럼 한쪽이 공격하면 한쪽은 방어하는 줄다리기가 이어졌다. 결국 성장과 안정 중 어느 쪽을 추구하는 것이 회사의 가치를 높이느냐의 문제였다. 그러나 최 사장은 논쟁 과정에서 유 상무가 회사를 위해 안정 경영을 주장하는 것이 아니라는 느낌을 받았다. 만약 클린업이 사장의 예상대로 잘된다면 기존의 클린 생산팀이 구조조정에 휩싸일 수 있다는 점을 걱정하는 것으로 보였다.

하지만 이미 회사는 클린업 생산을 기정사실로 받아들이고 있는 분위기였다. 불안한 성장인가, 불행한 안정인가? 위험을 감당하며 성장의 모험에 과감히 뛰어들지 않으면 순간적인 편안함을 찾을 수는 있지만, 안일함은 회사를 무기력하고 굼뜨게 만들 수 있다. 지금은 상반된 두 가지 생각을 동시에 품으면서 정상적으로 사고할 수 있는 능력이 필요했다.

하지만 성장과 안정은 어느 하나를 희생해서 다른 것을 얻는 관계가 아니다. 둘이 맞물려 움직일 때 서로를 지탱해주는 힘이 되기 때문이다.

사람들은 종종 안정과 관습을 동의어로 쓰지만, 따지고 보면 둘은 엄연히 다르다. 안정은 늘 해오던 것을 계속하면서 평안함을 유지하는 것이다. 반면 관습의 결말은 평안이 아니라 쇠퇴였다.

사실 유 상무가 원하는 것은 안정이 아니라 관습이었다. 그것은 자신의 삶을 지켜내려는 허망한 전투처럼 보였다. 알 수 없는 미래에 두려워했고, 시작도 하기 전에 겁에 질려버렸다. 최 사장은 그런 유 상무의 얼굴을 빤히 쳐다보았다. 그러다가 문득 어디선가 읽은 '무언가에 길들여질수록 눈물 흘릴 일이 생긴다'는 문장이 생각났다.

일단 해보는 것이 중요했다. 그래야 답이 나올 것이다. 혁신은 조직 내부의 반발을 가져오기 때문에 따뜻하거나 관대할 수 없다. 그래서 모든 진보는 희생의 대가를 동반하기 마련이다.

최영순 사장은 별도의 독립 조직을 설립해서 추진하기로 마음먹었다. 백번 말로 떠드는 것보다 작게 시작해 성과를 보여주는 것이 더 설득력 있기 때문이다.

한편 홍 대리는 교육 진행과 커뮤니티 운영, 그리고 클린업 사업계획서 작성을 돕는 가운데 시간이 어떻게 흘러가는지 모를 지경이었다.

회계를 모르고

어떻게 사업을 한다는 말인가!

– 이나모리 가즈오

회계는
비즈니스 언어

유 상무의 반대를 비웃기라도 하듯, 회사는 곧바로 클린업 개발 계획에 돌입했다. 생산1팀을 배제하고 생산2팀에서 클린 대신 클린업을 생산하기로 결정한 것이다. 그러나 유 상무의 말처럼 클린업을 위해 신규설비에 투자하는 것은 상당한 자금압박을 유발할 수 있기 때문에 기존 클린의 생산량을 절반으로 줄이고 나머지 절반의 설비를 개보수하여 클린업을 생산하기로 했다.

마케팅 부서에서도 클린업 출시 준비에 열과 성을 다했다. 우선 기존의 클린을 이용하고 있는 고객을 분석하는 일이 먼저였다. 클린에 부족한 부분이 있어도 대체품이 없어서 그냥 사용하는 경우가 많을 것이기 때문이었다. 그런 고객을 분석하고 클린업에 대한 수요를 조사한 다음, 클린업으로 대체할 것을 유도하는 작업에 들어갔다. 그리고 고객의 요구사항을 즉시 제품개발에 반영할 수 있도록 고객지원팀을 신설했다. 신규 사업을 위해 경쟁업체에서 뛰어난 연구원도 몇 명 스카우트했다.

생산1팀의 유영철 상무도 회사의 방침이 떨어진 이상 가만히 있을 수는 없었다. 최영순 사장이 클린업에 승부를 걸고 있었기 때문에 이런 흐름이 미치는 무게가 얼마나 무거운지 유영철 상무가 모를 리 없었다.

탄소중립 및 탄소정보 공개 요구가 전 세계적으로 확대되는 가운데, 대기업마다 ESG 경영으로의 보폭을 확대하면서 탄소중립과 자동화를 앞당기는 전략에 매진하고 있었다. 나아가 그들은 협력업체의 탄소배출 관리도 단속하고 있었다.

생산1팀은 박영찬 과장을 중심으로 탄소중립을 높일 방안을 연구하기로 했다. 탄소중립에 대한 컨설팅도 착수했고, 생산1팀과 유대관계가 있는 원재료 구입처들과도 함께 방안을 모색했다.

'생산2팀을 공격해서라도 클린이 살아 있다는 것을 확실히 보여주어야 해. 최 사장이 죽든지 내가 죽든지 둘 중

하나다!'

유 상무는 입술을 깨물며 독한 마음을 되새겼다. 그는 자신의 자리를 보전하기 위해 회사를 혼란에 빠뜨릴 수도 있는 승부수를 던지기로 결심했다.

클린업이 출시된 후 2분기 실적에 대한 결산이 한창이었다. 사내의 거의 모든 사람이 클린과 클린업이 어떤 결과를 냈는지 촉각을 곤두세웠다.

"박 과장, 에너지소비량 높이는 건 어떻게 됐나?"

"네, 전문가에게 컨설팅을 받았고 생산직원들에게도 교육을 한창 진행 중입니다. 상품을 패키징하는 박스테이프를 종이로 변경하였고, 폐품 수거 같은 환경보호 캠페인을 펼치고 있어서 전기 대비 에너지소비량은 상당히 줄어들 것 같습니다. 그런데 에너지소비량만 줄이는 게 능사는 아닌 것 같습니다."

"그게 무슨 말인가?"

"에너지소비량은 줄었지만, 매출량이 증가하게 되면 생산량도 늘어서 전체적인 탄소배출량은 증가합니다. 그리고 탄소중립이란 개념이 처음이다 보니 시행착오가 많아서 품질검사비용 등 전체적인 저품질로 인한 품질관리에

만만치 않은 비용이 투여되고 있습니다."

"문제점만 늘어놓는다고 될 상황이 아니지 않은가?"

유 상무의 목소리가 높아지자 잠시 팀원들의 분위기가 어두워졌다. 그때 박영찬 과장이 두꺼운 보고서를 나누어 주며 설명하기 시작했다.

"이것은 제가 탄소중립과 품질관리 계획을 정리한 보고서입니다. 생산1팀의 공정 프로세스를 분석하여 데이터를 정리해 보았더니 불량품을 검사하는 비용과 재작업비용에 총생산비의 20퍼센트 이상이 들어가고 있었습니다."

"아니, 그게 정말인가?"

유 상무의 얼굴에는 놀란 기색이 역력했다.

"네, 그에 대한 분석자료를 보고서에 정리했습니다. 클린의 지표산정을 최종제품수율에서 불량품에 대한 수율까지 감안한 누적수율로 바꾸면 어떨까요? 그리고 공정을 세분화해서 수율관리를 과정별로 나누고 품질관리비용을 15퍼센트 이하로 낮추는 것입니다."

"박 과장, 문제점을 정확히 지적해서 개선하려 했군. 수고했네."

유 상무는 어깨를 두드리며 박 과장을 칭찬했다.

"그리고 한 가지 더 반가운 소식이 있습니다."

박 과장이 의기양양해져서 유 상무에게 말했다.

"그래, 뭔가?"

"원재료 납품처 책임자를 잘 설득해서 타 생산팀에 비해 원재료를 10퍼센트 정도 싸게 살 수 있도록 손을 써놨습니다."

"그래? 그쪽 사람들이 순순히 응하던가?"

유 상무가 의아한 표정으로 물었다.

"납품처에서는 매출 증가가 가장 큰 목표니까 저희 팀이 지난 분기보다 원재료를 30퍼센트 정도 더 구입해 주기로 했습니다."

"그렇게나 많은 원재료는 우리에게 필요가 없는데? 재고를 너무 많이 안고 가는 것 아닌가?"

"상무님, 생산1팀이 살아야 상무님과 제가 살고, 그래야 회사도 사는 것 아니겠습니까? 원재료가 남는다고 해도 어차피 회사 전체 부담으로 기재될 거니까 클린의 수익성에는 영향을 미치지 않습니다."

"자네가 올해 부장 승진 대상에 들어가지? 한 가지 약속하지. 아마 동기 중에 가장 빨리 부장이 될 걸세."

"상무님, 충성을 다하겠습니다."

박 과장은 재고가 늘어도 생산부서에는 그다지 영향을

주지 않는다는 점을 이용했다. 대량구매에 따른 원가절감 효과만 강조하고 기업 전체적으로 자금흐름에 영향을 받는 것은 살짝 덮어버리겠다는 의도였다. 박 과장은 행동대장을 자처했고, 유 상무는 그것을 은근히 바라고 있었다는 듯 묵인했다. 유 상무에게는 지금 왜 사는지 또는 어떻게 사는지보다 그저 죽지 않고 살아남는 것만이 중요했다.

경영지원팀에서도 2분기 실적에 대한 논의로 의견이 분분했다.

"클린업이 2분기 목표매출인 100억 원에 미달하는 80억 원의 매출을 달성했습니다. 클린은 10퍼센트의 안정적인 성장률을 유지하고 있습니다. 하지만 작년의 15퍼센트에 비해서는 상당히 줄어든 수치입니다."

정태호 상무가 실적에 대한 개요를 설명했다.

"매출액 이익률 측면에서 보면 클린업은 아직 좋지 않습니다. 2분기에 영업부서에서 매출 확충을 위해 광고비와 판촉비로 상당한 비용을 지출했습니다."

신성훈 부장이 정 상무의 설명에 추가하여 대답했다.

"클린은 어떤가요? 클린 담당이 누구지요?"

"제가 클린을 담당하고 있습니다. 클린은 생산수율이

상당히 개선됐고 그에 따라 이익률도 많이 개선됐습니다. 그런데 특이한 점은 클린업의 원재료 단가가 클린에 비해 상당히 높게 나타났다는 것입니다."

홍 대리의 말을 들은 신성훈 부장이 박철진 대리에게 물었다.

"모든 일엔 이유가 있는 법인데……."

"생산2팀 담당자들과 이야기해 본 결과로는 기존 원재료 납품업체에서 원재료 단가를 높게 요구한다고 합니다. 종전 거래 가격에 비해 비싼 이유를 물어도 회사 방침이라 어쩔 수 없다고만 한답니다."

박철진 대리가 생산2팀에서 올라온 정보를 근거로 설명하고는 덧붙였다.

"그리고 확실하지는 않지만 생산1팀장 유영철 상무가 원재료 납품업체에 로비를 한다는 소문이 있습니다. 생산1팀에서 구입하는 원재료 단가와 2팀에서 구입하는 단가가 다른 것을 보면 터무니없는 소문은 아닌 것 같습니다."

"박 대리님, 조심하세요. 확실한 증거도 없이 말하다가 유영철 상무 귀에라도 들어가면 어쩌려고 그러세요?"

이현숙 주임이 박철진 대리의 말을 끊고 나무라듯 말했다.

"이 주임도 같이 들었잖아. 아주 근거 없는 말도 아니지. 클린업의 매출 실적에 따라 클린의 운명이 결정되니까 생산1팀 입장에서는 그럴 수도 있을 것 같은데……."

회계는 경영에서 나와 숫자로 둔갑한 것이지만, 이것이 다시 경영활동을 구속하고 있었다.

"그럼 생산1팀이 클린업을 방해하기 위해 원재료 납품업체들과 공모하고 있다는 건가요?"

홍 대리는 박철진 대리의 말을 믿을 수 없어 누구에게랄 것도 없이 모두에게 물었다.

"들은 것을 곧이곧대로 믿어서는 안 됩니다. 아직 확실한 것은 아니니 괜히 소문내서 문제 만들지 말자고요. 생산팀의 문제를 왈가왈부하다가는 우리까지 입장 곤란해질 수 있어요."

신성훈 부장이 팀원들을 진정시켰다.

"신 부장 말이 맞습니다. 소문은 소문일 뿐, 증거가 없으니 우리는 나서지 않는 게 좋을 것 같군요. 일단 감가상각비까지 회계처리할 경우 클린업은 손실이 발생하겠네요. 클린은 작년보다 이익이 상당히 증가했고요. 일단 이 자료를 근거로 사장님께 보고해야겠어요."

정태호 상무는 착잡한 표정이었다.

클린업 2분기 실적 발표에 임원진과 생산팀에서는 비상회의가 열렸다. 차세대 주력 상품인 클린업에서 손실이 발생했다는 사실을 최 사장은 받아들일 수 없었다. 그들 앞에 펼쳐진 숫자는 아무 말이 없었다. 각자가 자기 나름대로 해석을 해야 했다.

"이번에 클린업에서 손실을 봤다고요?"

최 사장이 격양된 목소리로 생산팀장에게 물었다.

"원재료 가격이 많이 올랐습니다. 또 대량구매를 하지 않으면 납품하지 않겠다는 바람에 6개월분 원재료를 구매하고 있는데 어음으로 지급하고 있어서 할인도 안 되고요. 신제품이다 보니 아직 업무가 표준화되지 않아 원재료 손실률이 상당히 높습니다."

생산2팀장이 힘없는 목소리로 대답했다.

"클린업이 신규 제품이다 보니 초기 이익률에서는 어려움이 있을 것입니다. 그러나 우선은 매출 확대에 신경을 쓰는 것이 좋을 것 같습니다."

정태호 상무가 추가적으로 설명했다.

"상무님 말씀대로 하세요. 우선 당분간은 판로를 확보하는 데 중점을 두세요. 초기에는 원가가 높을 수밖에 없겠지요. 생산2팀에서는 원재료를 싸게 구입할 수 있는 방안을 연구하고 생산성을 높일 프로세스를 검토해 주세요."

한편 생산1팀은 2분기 실적에 만족하면서도 앞으로의 계획을 논의하느라 여념이 없었다.

"2분기 실적은 클린에 유리하게 나왔습니다. 모두들 고생하셨습니다."

유 상무가 박 과장과 생산반장들을 칭찬했다.

"조금 전에 들은 얘기인데 생산2팀은 사장실에서 대책회의에 들어갔다는 정보입니다. 지금부터가 중요합니다. 아마 생산2팀은 새로운 원재료 납품처를 찾아볼 겁니다. 우리도 하반기에는 다른 전략이 필요합니다."

박 과장이 긴장감을 유지한 채 말했다.

"좋은 지적입니다. 생산1팀은 업무를 더욱 표준화해서 원가를 절감할 방안을 연구하세요. 그리고 클린을 취급하는 영업대리점에 지급하는 판매장려금을 더욱 높여 마케팅에도 신경을 쓰도록 하세요."

비자금
조성사건

클린업에 대한 수요는 하반기로 갈수록 증가했다. 가격이 조금 높더라도 고화질의 대형 화면을 원하는 고객들의 니즈와 제품이 맞아떨어진 것이다. 최 사장은 영업상무와 함께 클린업 마케팅 전략을 수립하고 발로 뛰며 수요를 창출해 냈다.

유 상무는 몸도 마음도 긴장감에 사로잡혔다. 클린업에 비해 클린의 실적이 좋지 않을 경우 자신의 위치가 흔들릴 것은 확실했다. 클린업이 잘될수록 압박감이 커졌다.

이대로 그냥 둘 수는 없었다. 자신의 존재감이 얼마나 큰지를 철저하게 인식시켜야 했다. 연말 실적 발표를 앞두고 열린 생산1팀의 대책회의에는 긴장감이 휘몰아치고 있었다.

"상무님, 클린업이 연말로 갈수록 저희 예상보다 실적이 좋다는 정보입니다."

"나도 들었네. 연말 예상 매출이 클린을 능가할 수도 있다는 의견이 있던데……. 클린의 매출은 어떤가?"

"그다지 좋지는 않습니다. 시장이 워낙 포화상태라 마케팅에 어려움이 많습니다. 프로세스 혁신을 통한 원가절감은 이제 한계에 다다랐습니다. 영업상무도 클린업에 주력하느라 클린은 거의 신경 쓰지 않는 것 같습니다."

"박 과장, 자네가 클린업에 대한 정보를 입수해 보게. 이번 성과평가에서 뒤처지면 우리 팀에는 위기가 찾아올 걸세."

경영지원팀에서도 생산1팀을 구조조정하는 쪽으로 가닥을 잡고 있다는 소문이 있었다. 이미 예견된 일이었다. 생산1팀은 클린업이 안정적인 수익을 낼 때까지만 필요하다는 것이 경영진의 생각이었다.

"상무님, 제게 한 가지 생각이 있습니다."

"그래, 무슨 좋은 방법이라도 있나?"

"정 상무와 함께 가는 것이 어떻겠습니까?"

유 상무는 박 과장의 말에 불쾌하다는 듯이 책상을 쾅

소리가 나도록 주먹으로 내려쳤다.

"나더러 정 상무와 살을 맞대란 말인가?"

"회사의 권력은 자금을 쥐고 있는 사람에게 있고, 권력이 있는 사람에게는 항상 구린내가 나기 마련입니다. 지금 클린업에 정태호 상무가 깊이 관련되어 있습니다. 정태호 상무의 약점을 알고 있는데 그걸 이용해서 우리에게 협조하도록 압력을 넣는 게 어떻겠습니까?"

사람은 자신의 이익을 위해서라면 다른 사람의 약점을 이용하기도 한다. 박 과장은 문제가 생기면 두려움에 사로잡혀 다른 문제를 끌어들여 새로운 문제를 만들어내는 사람이었다.

"정 상무에게 어떤 약점이 있단 말인가?"

유 상무가 출구를 찾은 듯한 얼굴로 묻자 박 과장의 입술이 날개를 단 듯 움직였다.

"제가 경영지원팀에서 근무할 때 자금을 담당했는데, 인수합병 과정에서 정 상무가 횡령한 회사 자금이 상당했습니다."

"그래? 박 과장은 그걸 어떻게 알고 있나?"

"그때 제가 정 상무의 비자금과 탈세 장부를 만들었습니다. 그런데 정 상무는 제가 너무 많은 것을 알고 있다고 생각했는지 이런저런 이유를 들어 저를 생산팀으로 보내 버리더군요."

"그것 참 좋은 정보군. 정 상무라는 사람, 겉으로는 무슨 청교도처럼 굴더니 뒤로는 자기 주머니를 채우고 있었군."

유 상무는 음흉하게 웃으며 말했다.

"궁할 때는 적에게 기대라는 말이 있지. 우선 자네는 경영지원팀 사람을 한두 명 접촉해서 우리에게 협조하도록 제안해 보게. 그게 안 되면 내가 직접 정 상무를 압박해 봐야겠어."

유 상무는 이번 일만 잘 해결되면 다시 자신의 지위를 확고히 할 수 있다는 생각에 안도했다.

선택의 여지가 없었다. 공격이야말로 최선의 방어였다. 이기려면 수단과 방법을 가리지 않고 클린업을 공격해야 했다.

박 과장은 일단 경영지원팀 직원들을 만나보기로 했다. 회계담당 직원들 중 증거 확보를 도와줄 사람을 찾고 물밑 작업을 하는 게 중요했다. 이제 회사는 극심한 내부경쟁을 넘어 내부전쟁으로 치닫고 있었다.

"홍 대리님, 안녕하세요? 생산1팀의 박영찬 과장입니다."

홍 대리는 뜬금없는 박 과장의 전화에 다소 의아했지만, 우선은 반가운 목소리로 인사했다.

"아, 네. 안녕하세요? 요즘 어떻게 지내시나요?"

"잘 지냅니다. 홍 대리님은 어떠세요?"

"이번 달 이사회 때문에 조금 바쁘네요."

"저도 그 일 때문에 전화드린 건데요, 저녁에 술 한잔 어때요? 드릴 말씀이 좀 있어서요."

홍 대리는 썩 내키지 않았다. 클린의 실적이 그다지 좋지 않은 상황에서 생산1팀 사람과 개인적으로 만나는 게 시기적으로 적절하지 않다고 생각했기 때문이다. 거기다 왠지 모를 부담감이 밀려왔다.

"제가 오늘은 조금 바빠서 그러는데 다음에 뵈면 안 될까요?"

"홍 대리, 중요하게 의논할 일이 있어요. 클린업이나 클린에 모두 관련된 일이에요. 그러니 업무에 도움이 될 겁니다."

홍 대리는 업무와 관련이 있다는 말에 마땅히 거절할 명분을 찾지 못했다.

"네, 알겠습니다. 그럼 어디에서 뵐까요? 아! 회사 근처에 있는 J바요? 7시. 네, 이따 뵙겠습니다."

약속 장소인 J바는 건물 지하에 위치하고 있는 데다 불빛이라고는 조그마한 장식용 등 몇 개만이 희미하게 달려 있어서 가까이 다가가야 겨우 사람 얼굴을 알아볼 수 있을 정도였다.

유니폼을 입고 입구에 서 있던 직원이 홍 대리를 박영찬 과장이 있는 자리로 안내했다. 박영찬 과장은 무슨 생각을 그렇게 골똘히 하는지 홍 대리가 들어오는 것도 알아채지 못했다.

"박영찬 과장님?"

"아! 어서 와요, 홍 대리."

"무슨 생각을 그렇게 하세요?"

"뭐 그냥…… 여러 가지로요. 바쁜데 불러내서 미안합니다."

홍 대리는 박 과장의 그런 식상한 인사가 몹시 거북했다.

"아, 네……."

박 과장은 우선 술부터 한 병 시켰다. 그러고는 회사 내의 여러 뒷이야기부터 자신의 직장 경험 등을 늘어놓았다.

그렇게 이야기를 나누다 보니 어느새 술기운이 올라왔다. 간단히 이야기를 마치고 다시 회사에 들어가 마저 일을 하려 했는데, 그러기는 이미 틀린 것 같았다.

"사실 영업 업무에 비해서 발품 파는 일은 적은데, 정신적으로 신경 쓸 일이 많습니다. 영업부서에 있을 때는 매월 영업 실적에 쫓겨서 다달이 긴장의 연속이었는데, 경영지원팀 회계 업무는 신고 때마다 초긴장 상태예요. 한편으로는 전혀 다르면서 한편으로는 비슷하네요."

그러자 박 과장도 맞장구를 쳤다. 그도 경영지원팀에 있으면서 그것이 불만이었다고 한다. 남들이 보기에는 무슨 거창한 일을 하는 것처럼 보이지만, 맨날 하는 일이라는 게 생산부서나 영업부서 닦달하면서 높은 양반들한테 현실에 맞지도 않는 기획서나 올리고 숫자놀음을 하는 게 싫었다는 것이다.

"그런데 박 과장님은 왜 생산팀으로 가셨나요? 경영지원팀과 생산팀은 업무가 많이 다를 것 같은데요."

"그러면 홍 대리는 왜 영업팀에서 경영지원팀으로 왔나요?"

자기가 했던 질문으로 곧바로 받아치자 마땅히 대꾸할 말이 생각나지 않았다.

"그래도 박 과장님은 기획통이라서 경영지원팀에 있는 게 회사나 박 과장님 개인적으로도 좋지 않나요?"

박 과장의 얼굴이 잠시 일그러지더니 한동안 입을 다물었다. 술잔을 입으로 가져갔지만 술을 마시지는 않았다. 박 과장의 생각이 깊어지면서 침묵이 길어지자 불편함이 밀려왔다. 홍 대리는 자기가 괜한 질문을 한 건 아닌가 싶어 안절부절못했다. 뭔가 사연이 있는 듯 보였다.

"홍 대리는 정태호 상무에 대해서 어떻게 생각해요?"

난데없는 질문이었다. 정태호 상무와 무슨 갈등이라도 있었던 걸까? 사실 홍 대리는 정 상무와는 직접 부딪칠 일이 별로 없었기 때문에 좋고 말고 할 게 없었다.

"글쎄요. 잘 모르겠어요. 그런데 왜요?"

박 과장은 뭔가를 이야기하려는 듯, 다시 한번 술을 들이켜고 홍 대리에게 잔을 넘겼다. 그러나 술잔만 돌릴 뿐, 더 이상 말을 하지 않았다.

박 과장이 경영지원팀에서 정 상무와 5년 이상 한솥밥을 먹었다는 것은 홍 대리도 아는 사실이었다. 홍 대리는 박 과장이 무슨 이야기를 하려는지 궁금해지기 시작했지만, 사실 깊은 사연까지는 알고 싶지 않았다. 그러나 박 과장은 계속 시시콜콜한 이야기를 하다가 은근슬쩍 정 상무를 다시 도마 위에 올려놓았다.

"정 상무는 다 좋은데 입에서 돈 냄새가 너무 나는 것이 흠이에요. 정 상무처럼 돈 냄새를 잘 맡는 사람은 결국 사고를 치기 마련이죠."

돈을 만지는 사람에게 돈 문제가 안 생길 수 없다는 듯이 박 과장은 고개까지 끄덕이며 말했다.

경영지원팀장인 정 상무에게 돈 문제가 있다는 것은 전혀 생각지 못한 일이었다. 사실 그런 복잡한 문제에는 개입하고 싶지 않았다. 그러나 박 과장은 홍 대리를 가만히 놔두지 않았다.

"아직 공식적으로 알고 있는 사람은 몇 안 됩니다. 사고가 발생한 건 아니지만 머지않아 큰일이 터질 수도 있어요."

홍 대리는 어두운 그림자가 몰려오는 것을 느낄 수 있었다. 머릿속도 마음도 복잡했다. 이사회 준비도 해야 했고 업무도 밀려 있는 데다가 애당초 몰랐으면 모를까 알고 나서 모른 척하기는 힘든 일이었다.

"지금부터 하는 이야기는 홍 대리를 위해서 하는 말이에요. 사실 오늘 보자고 한 것도 그 문제 때문이고요."

박 과장은 화제를 바꿀 여지를 주지 않고 계속해서 자

기가 하고 싶은 이야기로 홍 대리를 끌고 갔다.

박 과장은 자신이 생산1팀으로 간 것은 사실 정 상무와 불화가 있었기 때문이라고 했다. 박 과장은 정 상무의 수족이나 다름없을 정도로 각별한 신뢰를 받았고, 그로 인해 비밀스러운 내용까지 알 수 있었다고 한다.

홍 대리는 박 과장의 빈 잔에 술을 따랐다. 더 알고 싶지 않았지만 박 과장의 말을 완전히 무시할 수도 없고 해서 건성으로 물었다.

"어떤 문제인데요?"

박 과장은 홍 대리에게 눈길을 주지 않고 옛 기억을 더듬듯 술잔을 들고 허공에 시선을 던지며 말을 이어갔다. 사장님이 사업 경험이 짧아 정 상무에게 많이 의존하고 있는데 정 상무와 나른 이사들은 사이가 상당히 좋지 않다는 것, 사장님이 회사 내부 사정을 잘 모르기 때문에 정 상무가 뒤에서 사장님을 마음대로 이용한다는 것, 정 상무의 욕심은 극에 달했고 회사에서 조성한 비자금이 상당하다는 게 공공연한 비밀이라는 것 등이었다. 박 과장은 마치 직원들의 죄를 고발하는 회사 내 감찰관처럼 많은 것들을 쏟아냈다.

많은 이야기를 들었지만, 정확히 어떤 일이 일어나고

있지 알 수 없다는 사실이 홍 대리를 불안하게 했다. 홍 대리는 생각에 잠긴 듯한 박영찬 과장의 옆얼굴을 힐끗 쳐다보며 속으로 한숨을 내쉬었다.

사람 얼굴에서 마음을 알아내는 기술이 있다면 얼마나 좋을까? 세상에는 너무도 많은 사람이 살고 있고 그들 모두는 다양한 얼굴과 그림자를 가지고 있다. 그래서 그들이 가진 얼굴은 사람 수보다 훨씬 많다. 그러기에 사람의 얼굴에서 마음을 읽기란 쉽지 않았다.

'신문이나 언론 매체를 통해서만 듣던 비자금이라니…… 그런데 박 과장은 왜 나한테 이런 말을 하는 걸까?'

비자금은 매출을 누락시키거나 가공경비를 만들어서 몰래 자금을 빼돌리기 때문에 탈세이고, 주주에게 가야 할 자금을 빼돌렸으니 횡령이며, 회사에 해를 끼치기 때문에 배임이다. 탈세와 배임, 횡령은 기업 범죄 중 중대한 3대 범죄가 아닌가. 그런 문제라면 사장에게 보고하는 것이 순서상으로도 맞다. 일개 대리에게 의논한다고 뾰족한 수가 있는 것도 아니니 말이다.

여기까지 생각이 미치자 홍 대리는 알 수 없는 예감에 등골이 서늘해졌고, 무언가 묵직한 것이 목에 걸린 듯했다. 더 이상 이 자리에 있고 싶지 않았다. 그러나 박 과장의 말은 계속 이어졌다.

"나는 상무님이 스스로 반성하길 바랐어요. 다른 사람이 사장님께 먼저 보고드린다면 정 상무는 자리를 내놓을 수밖에 없겠죠. 그럼 정 상무에게 의존하고 있는 회사는 더 불안정해질 겁니다. 그런데 상무님은 자신의 행위에 전혀 문제가 없다고 생각하는 것 같아요."

배석재 차장에게도 말해보았지만 아예 이야기를 들을 생각조차 하지 않았다고 한다.

"그런데 유영철 상무님이 그 사실을 최근에 알게 됐어요. 클린업의 성공 여부에 따라 생산1팀의 운명이 달라질 수 있기 때문에 이 문제를 그냥 넘기지 않을 겁니다."

"저는 모르는 일입니다."

"몰랐다고요? 알고 싶지 않은 거겠죠?"

"내가 할 수 있는 일이 없어요."

홍 대리의 말에 박 과장이 입술을 비죽거리며 말을 이어갔다.

"나는 이 일에 홍 대리가 개입되었다고 믿지는 않아요. 그런데 지금부터는 얘기가 조금 달라지겠죠. 진실을 알면서도 나서지 않았다는 죄책감을 갖고 평생 살아갈 건가요? 홍 대리가 문지기라면 자금 도난을 나 몰라라 할 순 없겠죠. 정 상무가 직접 장부를 만들지는 않았을 거니까 분명 자신의 죄를 누군가에게 뒤집어씌울 겁니다. 상황에 따라선 홍 대리도 죄가 있다고 볼 수 있습니다. 그러기 전에 홍 대리가 의무를 다하길 기대합니다."

누구나 마음속에 비밀이 있고, 비밀이 있으면 불안한 법이다. 박 과장은 그런 비밀을 털어놓으니 시원하다는 듯 얼굴이 밝아졌다. 하지만 그에 비례해 홍 대리의 얼굴은 어두워졌다. 갑자기 무엇을 믿어야 할지 갈피를 잡기 어려웠다. 만약 박 과장의 말이 사실이라 해도 자신과 직접적인 연관이 있는 건 아니지만, 그렇다고 완전히 책임이 없는 것도 아니다. 형사적인 책임은 없을지 몰라도 도덕적인 책임까지 면제되지는 않는다.

홍 대리 마음속 한쪽에선 비겁하게 피하지 말고 부조리에 맞서라는 목소리가 들려왔지만, 아직 그럴 만한 용기와 훈련이 부족했다. 박 과장의 말이 사실이라 해도 정 상무라면 회사의 실세 아닌가? 잘못 처신했다가는 회사에 남지 못할 것이다.

자신에게 묻고 또 묻고, 생각하고 또 생각해 보았지만 쉽사리 답이 나오지 않았다. 문득 겨울잠 자는 동물처럼 긴 잠에 들었다가 찬 바람이 지나고 난 후에 깨어나면 좋겠다는 생각이 들었다. 회계업무가 영업보다 쉽다고 생각했는데 분야만 다를 뿐 극한 직업이었다. 돈을 다루니 돈맛을 알기 쉬웠고 끊임없이 돈과 숫자의 유혹을 극복해야 했다.

답은
언제나
현장에 있다

회사는 3년 내에 코스닥 등록을 목표로 하고 있기 때문에 회계법인의 도움이 필요했다. 무엇보다 신외부감사법 도입에 따라 내부회계관리제도 인증 수준이 검토에서 감사로 상향 조정되면서 적정 감사 의견을 받기 위해서는 경영 역시 내부회계관리제도에 따라 이루어져야 했다. 회계관리와 책임이 강화된 만큼 비적정 의견을 받을 경우 상장 자체를 포기해야 할 수도 있지만, 회사는 내부회계관리제도에 대한 준비를 전혀 하지 못했다.

경영지원팀 사람들이 먼저 허 회계사를 만나 함께 사장실로 들어갔다.

"저는 참석을 못 했지만 저번 교육, 아주 좋았다고 들었습니다."

정 상무가 허 회계사를 치켜세웠다.

"직원들도 좋아하고 도움이 많이 되었다는 평입니다."

이번 이사회는 클린과 클린업 중 주력상품을 선정하는 자리였다. 부서 간에도 민감한 사항이었고, 최 사장도 공정하게 두 제품을 평가해 보고 싶다고 했다. 이는 반드시 넘어야 할 산이었다.

최 사장은 대표이사에 취임한 지 얼마 안 되고부터 클린업을 야심 차게 준비해 왔다. 그리고 진행해 보니 클린업에 애착이 많이 갔고 내심 회사의 미래 핵심 사업으로 여기고 있었다. 하지만 최영순 사장은 엄격하고 공정하게 검증하고자 했다.

"회계감사와 내부회계관리제도는 비용이 아니라 투자입니다."

허 회계사가 말했다.

"이번 기회에 우리 회사에 대해 객관적인 재무자료로 평가받았으면 합니다. 허 회계사님이 많이 도와주세요."

정 상무가 최 사장의 말을 받았다.

"이사회 이전에 업무가 종결돼야 하니 시간이 많지는 않습니다. 좀 창피한 말씀이지만 유형자산 쪽 실사는 한 번도 해보지 못했습니다."

"일정이 정말 촉박하네요. 그래도 생산팀과 해외 영업 지점에 대한 실사가 필요할 것 같습니다. 내부회계관리제도를 정립하려면 현장에 대한 이해가 필수니까요."

회계의 목표는 증빙을 객관적으로 기술하는 것이 아니라 숫자의 숨은 의미와 경영 흐름에 초점을 맞추고 의사결정에 도움을 주는 데 있다. 허 회계사는 회계를 이해하려면 경영을 판단하지 않으면 안 된다고 여겼다. 눈만큼 게으른 것이 없고 손발만큼 부지런한 것이 없는 것처럼, 백 번 듣는 것보다 한 번 보는 것이 낫기 때문이다.

회계는 생각이 아니라 행동에 가깝다. 몸으로 느껴보지 못한 지식은 무용할 뿐이었다. 책상머리에서 하는 회계를 버리고 현장으로 나가 땅에 발을 굳게 디디고 가슴으로 현장을 느껴야 숫자는 의미를 갖게 된다. 현장을 모르는 회계는 아무런 의미도 갖지 못한다. 현장에서 숫자는 비로소 진실을 만나게 된다. 허 회계사의 말은 정확하게 과녁의 중앙을 찌르고 있었다. 회계란 비즈니스를 숫자로 바꾼 것이다. 그렇기에 숫자보다 비즈니스 현장이 더 중요한 것이고, 영수증의 좁은 세상에서 벗어나 현장에 발을 딛고 서서 적당한 간격을 유지해야 숫자를 제대로 볼 수 있다. 나뭇가지의 모양은 땅속에 있는 뿌리의 모습과 같은 법이다. 회계가 나뭇가지라면 경영은 그 뿌리다. 숫자는 현장에서 그대로 표가 나게 되어 있다. 숫자는 언제나 무엇인가를 의미하고 많은 것을 가르쳐준다. 보이는 것은 보이지 않는 것을 감추기도 하지만, 보이지 않는 뿌리를 보여주기도 한다. 진실은 항상 현장에 있고, 현장은 진실을 말하는 법이다. 더욱이 국제회계기준의 원칙 중심 회계에서는 현장을 제대로 보지 않으면 회계처리에 어려움이 생길 수밖에 없다. 고기를 잡으려면 깊은 데로 가서 그물을 내려야 한다.

허 회계사는 책상머리에서 회계를 배운 나약한 사람이 아니라 온몸으로 부딪치면서 경영을 깨우친, 열정으로 가득한 회계인이었다. 허 회계사는 머리로 배운 것을 버리고 온몸으로 현장을 느끼라고 강조했다. 현장에서 일어나는 일 하나하나가 회계이기 때문이다.

최 사장은 경영지원팀에서 이번 업무 담당자를 뽑아 허준 회계사의 출장 업무를 돕도록 지시했다. 담당자가 없거나 새로 시작하는 일은 항상 늦게 들어온 사람 몫이다. 이 업무 역시 홍 대리가 맡게 됐다.

클린의 경우 지점에서 영업 실적을 본사 영업팀에 보고

하고 대금은 고객이 본사로 직접 송금하는 시스템으로 되어 있었다. 결국 본사 경영지원팀에서 영업팀의 보고 내용과 고객으로부터 입금된 내용을 최종 크로스 체크하는 내부회계관리시스템을 구축하고 있었다.

그러나 신규 프로젝트인 클린업은 본사 영업팀에서 관리하지 않고 경영지원팀에서 직접 보고를 받았다. 또한 클린업은 모든 지점에서 영업을 하는 게 아니라 지역별로 특정 대리점에 한해서만 영업권을 주고 있었다.

홍 대리는 해외 출장에 앞서서 영업팀 동기 김영민 과장을 찾았다.

"김영민 과장!"

"아, 홍 대리! 이번에 영업지점 방문한다고?"

"응, 내부통제시스템 검토 때문에 회계사님하고 같이 갈 거야. 먼저 인사부터 하지 그래. 우리 회사 담당하는 허준 회계사님이야. 아주 출중하신 분이지."

허준 회계사는 김영민 과장을 처음 봤지만 상당히 능력 있는 인재일 거라는 느낌을 받았다.

"처음 뵙겠습니다. 실적이 아주 탁월하시다고요."

"네, 신입사원 때부터 영업에는 남다른 기질이 있었죠. 이 친구가 제 동기인 것이 자랑스럽다니까요."

영업팀에서 함께 근무할 때는 잘나가는 김 과장이 질투의 대상이었지만 부서가 달라진 지금은 동기라는 게 뿌듯했다.

"이 친구가 정말……. 처음 뵙는 회계사님 앞에서 너무 과장하지 말라고. 이 친구 뻥이 좀 셉니다. 이해하세요."

김 과장이 겸손하게 대답하고는 이어서 홍 대리에게 물었다.

"클린업 인기가 장난 아니던데 누구 작품이지?"

"경영지원팀 정태호 상무님을 주축으로 기획했어. 기존의 클린으로는 시장을 확대하는 데 한계가 있다고 판단했거든."

김 과장도 올해는 클린업 덕을 많이 보았다고 했다. 좋은 제품을 만들어주니까 영업하기에 편하다고, 영업지점 소장들도 클린업 이야기로 살맛 난다고 얘기했다고들 한다. 그에 반해 클린은 현재까지는 나쁘지 않지만 경쟁업체가 늘고 있어 비공식적인 덤핑이 판을 치고 있다고 했다.

"그런데 클린업에 대해서도 걱정되는 부분이 있어. 채권관리가 정말 힘들다니까. 신제품이다 보니 대부분 사용판매 형태라서 고객들이 대금 지급을 미루고 있다는 보고가 있어."

홍 대리는 클린업에 대한 경영지원팀의 고민을 털어놓았다. 그러나 김 과장은 의아하다는 듯한 표정이었다.

"그럴 리가 없는데. 클린업이 나온 지 얼마 되지 않았을 때는 홍 대리 말처럼 시험적으로 사용해 본 후에 구매하는 사용판매 형태였고, 그래서 대금회수까지 한 달 이상이 걸렸지. 그런데 지금은 선금이 아니면 물건을 주지 않을 정도인데?"

이게 무슨 소린가? 홍 대리는 당황할 수밖에 없었다. 새로운 정보는 해답이 아니라 오히려 의문을 던져주었다.

숫자와 비즈니스 현장은 서로 너무나도 다른 옷을 입고 있었다. 의문이 꼬리를 물고 떠올랐지만 어떤 것도 명확한 답을 찾지 못했다. 책상에서 보던 현장과 직접 보는 현장은 전혀 달랐다. 분명히 존재함에도 보이지 않는 무엇이 있었다. 달리 말하자면 보이지 않으나 존재하는 무엇이 있는 것이다. 숫자는 그 보이지 않는 것들의 증거였다.

클린업에 대한 자금 관리는 정태호 상무가 맡고 있기 때문에 홍 대리도 자세한 내막은 알 수 없었지만, 정 상무는 회의에서 채권관리가 잘 안된다는 보고를 종종 했다. 회계장부상으로도 그렇게 나타나 있었다. 그래서 회사가 항상 자금압박에 시달리지 않았던가.

김영민 과장은 영업지점장 중 현장을 돌아보는 데 도움을 줄 수 있는 사람을 몇 명 소개해 주었다.

홍 대리는 발로 뛰어 현장에서 정보를 찾고 정리할 때 회계 장부상의 숫자가 경영의 세계와 새롭게 연결됨을 느꼈다. 조금 전만 해도 전혀 의미 없어 보였던 숫자들이 각각 자신의 크기와 의미를 가지기 시작했다. 홍 대리는 회계에서 숫자가 아니라 하나의 세계를 보았다. 숫자는 실재했으며 진실된 것이었다.

허준 회계사와의 영업지점 방문은 정말 숨 가쁘게 이루어졌다. 지방 영업지점을 거쳐 해외에 있는 영업지점까지 매일 비행기와 택시를 갈아타는 일정이 이어졌다. 홍 대리로서는 경영지원팀에 온 뒤로 이렇게 긴 출장은 처음이었기 때문에 몸은 피곤해도 느끼는 것이 많았다.

그러나 배운 만큼 고민도 늘어났다. 자금을 본사에서 직접 관리하기 때문에 영업지점장들이 매출 이외에는 잘 모른다는 것이 가장 큰 문제였다. 물론 영업지점장이 자금에 손대는 것을 방지하기 위해 본사에서 직접 관리하는 것이지만, 내부감시 기능이 떨어지고 있었다. 박영찬 과장이 적자 상태의 회사를 매입해 지급보증을 서가며 손실을 메워주는 석연치 않은 인수 과정에서 비자금이 조성되었을 것이라고 했던 말이 떠올랐다. 현재의 시스템하에서는 자금이 바로 본사로 입금되기 때문에 견제 기능이 없어 본사에서 누군가가 마음만 먹는다면 현금매출을 누락시킬 수 있었다.

홍 대리는 영업지점별로 클린업 출고 내역을 뽑아보기로 했다. 그중에서 지점 규모에 비해 영업 실적이 현저하게 떨어지는 지점을 검토해 보고 재고가 많은 영업지점을 다시 한번 확인해 볼 생각이었다. 재고가 장부에만 있고 실질적으로 창고에는 없다면 매출 누락일 가능성이 있기 때문이다. 판매했다고 보고된 것 중에서도 장기간 외상으로 남아 있는 것은 조사해 볼 필요가 있었다.

회사가 비자금을 조성하는 가장 흔한 방법이 바로 매출누락과 가공경비였다. 매출대금으로 비자금을 조성하려고 회사에서는 매출로 잡지 않거나, 개인적으로 사용한 것을 회사 경비로 잡는 경우가 많았던 것이다.

홍 대리와 허 회계사를 태운 기차는 어두운 안개 속을 가르며 어느덧 서울역으로 들어섰다. 창밖에서는 피로로 지친 몸을 더욱 처지게 하는 비가 내리고 있었다. 허 회계사는 빗속을 뚫고 택시에 올라타, 홍 대리에게 손을 흔들며 큰 소리로 말했다.

"다음 주에 봐요. 다음 주에도 할 일이 많으니 주말에는 푹 쉬시고요."

홍 대리는 고개를 숙여 인사했다. 허 회계사가 탄 택시가 시야에서 사라지자 홍 대리도 비를 피해 서둘러 택시를 잡았다.

"기사님, 신사동이요."

신사동은 집이 아니라 회사 방향이었다. 사무실에 들어서니 거의 모두 퇴근을 하고 이현숙 주임과 몇몇 여직원만 남아 있었다.

"홍 대리님, 출장 가셨으면 바로 퇴근하시지 이 시간에 회사에는 왜 오셨어요?"

이 주임은 말은 그렇게 했지만, 내심 홍 대리를 반가워하는 눈치였다.

"아, 확인할 것도 있고 다음 주 출장 준비도 해놓으려고요."

"도와드릴게요. 뭘 하면 되나요?"

딱히 거절할 이유가 없었다. 오히려 잘됐다는 생각도 들었다.

"그럼 매출채권 대손처리 근거와 재고자산 폐기처리

증빙 좀 확인해 주시겠어요?"

매출대금을 개인통장으로 입금하고 장부에는 장기 매출채권으로 놓아두었다가 추후에 회수할 수 없다고 대손처리하거나, 횡령한 돈을 장부에 재고매입으로 기록했다가 폐기처리한 행위가 있는지 밝히고자 한 것이다. 또 해외 계열사에 지급한 중개수수료를 판매관리비 명목으로 회계처리해 왔는데 판관비 비중이 지속적으로 늘고 있다는 점에도 주목했다.

"그럴게요. 관련 자료 주실래요?"

시간이 얼마나 흘렀을까? 남아 있던 몇몇 직원 퇴근한 지 오래였다. 영업지점에 대한 자료는 이현숙 주임이 어느 정도 정리를 해줘서 마무리가 빨랐다.

역시나 해외 영업지점 중 두 곳의 자료가 이상했다. 그 중 중국지점은 영업 실적이 저조하여 항상 재고가 많고 폐기되는 수량도 상당했지만 아무런 제재도 받지 않았다. 또 폐기처분된 근거도 거의 없었다. 재고 문제가 거론될 때마다 생산팀은 생산한 지 1년도 더 된 재고가 많아서라며 생산규모를 줄이기 어렵다는 입장이었다.

다른 한 곳인 동남아지점은 영업 실적은 아주 좋았으나

매출채권이 다른 영업지점에 비해 많아 대손처리를 하는 일이 잦았다. 최종결재는 모두 정태호 상무가 하고 있었다.

출장 중에 통화한 김영민 과장의 말에 따르면 중국지점장과 동남아지점장은 영업팀에서는 그다지 평이 좋지 않다고 한다. 중국지점장은 영업 능력이 형편없는데도 안 잘리는 것을 보면 뭔가 뒤를 봐주는 사람이 있는 것 같고, 동남아지점장은 뭘 믿고 그러는지 안하무인이라는 소문이 있었다. 또한 원자재 수입은 구매부서에서 다 했는데 왜 해외 계열사에서 수수료를 받았는지 모르겠다는 의혹도 드러냈다. 홍 대리는 그 말이 사실인지 확인하기 위해 인사기록부를 한번 보고 싶었지만, 왠지 이현숙 주임이 신경 쓰였다.

"이 주임님, 인사기록부를 검토해야 할 일이 있는데 다른 분들에게는 비밀로 해주세요. 아무 일도 아닌데 괜히 알면 소란스러울 것 같거든요."

"무슨 일인데 그러세요?"

"그건 나중에 확실해지면 말씀드릴게요."

분식회계는 혼자 저지를 수 없다. 여러 임직원이 연루되거나 참여할 가능성이 높다. 수많은 거래의 허위 작성과 수많은 담당자의 묵인이 있어야 한다. 그래서 분식회계에는 횡령, 배임, 사기 3종 세트가 함께 따라다닌다.

검토 결과 역시나 두 곳의 지점장 모두 정태호 상무와 어떤 연관이 있는 게 분명했다. 둘 다 정 상무와 같은 고향 출신일 뿐만 아니라 대학교 선후배 사이였던 것이다. 이로써 심증은 더욱 확실해지고 있었다.

홍 대리에게는 또 일주일간의 출장이 기다리고 있었다.

"허 회계사님, 지난주에 출장 다녀온 뒤로 매출채권 비율이 높았던 영업지점 두 곳에 대해서 알아봤는데 역시 의심쩍은 부분이 있었습니다."

"어떤 부분이었나요?"

"중국지점과 동남아지점 모두 새로운 클린업을 주력으로 하는 영업지점입니다. 클린업은 경영지원팀에서 직접 챙기기 때문에 영업지점 관리가 엄격하기 마련인데, 그 두 곳은 관리가 잘 안되고 있습니다. 추가적인 감사가 필요할 것 같습니다."

"저도 홍 대리님 말씀처럼 이상하게 생각하고 있었어요. 우리 생각이 맞는다면 중국지점의 장부상 재고는 가공 재고일 가능성이 있어요. 실제로 매출된 것인데 재고로 남아 있다고 보고할 수도 있으니 전산 자료와 매출전표를 보고 내용을 다시 한번 비교해 보죠. 시간이 걸리더라도 재고 관리프로그램을 분석해 보면 실질적인 재고수량과 금액을 확인할 수 있을 겁니다. 동남아지점의 매출채권은 매출처에 전화해서 금액이 맞는지 확인해 봅시다."

모든 공장을 돌아보기에는 시간이 부족했기 때문에, 클린업과 클린을 모두 생산하는 2공장만 돌아보고 현장실사를 생략한 공장은 가상현실VR 실사를 일부 활용하였다. VR 카메라로 촬영한 화면을 VR용 고글을 쓰고 확인하는 것이었다. 나머지 공장과 창고는 서류검토로 대체하기로 했다. 생산공장별로 제조원가 구성 내역을 검토해 보고 원재료비, 노무비, 경비 등 세 가지 원가구성 비율에 이상한 점이 포착되면 집중 분석할 계획이었다.

숫자는 제 할 일을 잊는 법이 없다. 조사 결과, 예상대로 중국지점의 회계장부상 재고가 전산 자료의 내용과 다르게 상당히 부풀려진 것으로 밝혀졌다. 과거를 검토하니 현재를 이루고 있는 뿌리가 나왔다. 실제 현장에서 일어나고 있는 일들이 회계장부에 제대로 나타나지 않고 있었다.

"부풀려진 재고는 도대체 어디로 갔을까요?"

"일반적으로는 실제 판매를 하고 판매대금을 횡령하면서 재고로 두는 경우가 많습니다."

"그럼 중국지점장이 회삿돈을 횡령했다는 건가요?"

"그렇다고 볼 수 있지요. 그러나 중국지점장 단독으로 하기는 힘듭니다. 고객이 경영지원팀으로 직접 대금을 지불하기 때문에 중국지점장이 직접 자금에 손댈 수는 없지요. 누군가와 공모를 한다면 모를까⋯⋯."

허 회계사는 홍 대리의 반응을 보며 조심스럽게 말했다. 회계장부 조작은 흔히 경험이 풍부한 회계전문가의 손을 통해 이루어지기 마련이다.

홍 대리는 한동안 생각에 잠겨 있다가 입을 열었다.

"아직 확실하지는 않지만 회계사님 말씀이 맞을 수도 있습니다. 그러나 회사 내부에서 해결하도록 모르는 척해주셨으면 좋겠습니다. 회사에는 큰 문제가 될 수 있거든요."

"좋습니다. 그래도 내부통제구조에 문제가 있다는 것은 지적해야겠죠. 제조원가명세서는 생산공장별로 뽑아보셨나요?"

"네, 생산1팀의 원가가 상당히 절감된 것 같습니다. 클린업과 비교해서는 월등하게 원가가 낮고, 클린을 생산하는 다른 공장에 비해서도 원가를 많이 절약했네요."

"생산1팀은 어떻게 그럴 수가 있었죠? 최근 원재료 가격이 많이 뛰었고 금리가 인상되어 마진이 거의 안 남는 게 업계의 고민인데요."

"생산1팀처럼 클린의 생산수율이 아주 좋아졌다고 합니다. 탄소중립과 품질관리 전략을 성공적으로 적용했다는 자체 평가가 있었어요."

"원가명세서가 조금 이상하긴 하지만 아무튼 좋습니다. 생산1팀과 같이 원가절감에 힘쓰는 사람들이 많다는 것은 회사에 도움이 되는 거니까요."

이후로도 한참 동안 생산2팀의 원재료 창고와 제조 과정을 일일이 체크하고 담당자들로부터 많은 현장 설명을 들었다.

최종 일주일간의 출장을 마치고 집에 도착할 무렵, 안주머니에서 휴대폰이 요란하게 울렸다. 박영찬 과장이었다. 박 과장의 다급한 속내를 드러내듯 휴대폰은 점점 더 강하게 울려대는 것 같았다. 홍 대리는 조용히 휴대폰 전원을 꺼버렸다.

현실을
왜곡하는
분식회계

차가운 바람이 몰아치는 늦은 오후, 정태호 상무는 한 통의 전화를 받았다.

"정 상무님, 안녕하십니까? 생산1팀 유영철 상무입니다."

유 상무의 인사말에는 왠지 가시가 돋쳐 있었다. 정 상무는 전혀 반갑지 않은 사람에게 이런 인사를 받아야 한다는 것이 불편했다.

"네, 유 상무님. 어쩐 일이신지요?"

"사업 얘기 좀 하고 싶은데, 중요한 일이라서 전화로 말씀드리기는 곤란하고요. 오늘 저녁에 술 한잔 어떻습니까?"

정태호 상무는 내키지 않았지만, 왠지 불길한 예감에 마지못해 대답했다.

"어디서 볼까요?"

"강남에 내가 잘 아는 술집이 있는데 '야누스'라고 하면 웬만한 택시기사는 다 알 겁니다. 저녁 7시쯤 거기서 보시죠."

정 상무는 '중요한 일'이라는 유 상무의 말이 마음에 걸렸다. 유 상무와 정 상무 사이에 중요한 일이라고 할 것은 이사회 문제뿐인데, 이것은 서로에게 껄끄러운 사안이었다. 정 상무는 손에 잡힐 듯 가까이 다가온 공포의 그림자를 보았다.

날씨는 맑았지만 추웠다. 맹렬한 바람이 창밖의 가로수를 세차게 흔들었다. '야누스'는 강남에서도 최고급 술집이라 택시를 타고 가니 어렵지 않게 찾을 수 있었다.

유 상무는 혼자 무슨 생각에 잠겨 있는지 정 상무가 가까이 다가갈 때까지도 알아차리지 못했다. 기척을 하니 고개를 든 유 상무가 어색한 목소리로 상투적인 인사를 건넸다.

"아이고, 정 상무님. 요즘 이사회 준비로 많이 바쁘시죠?"

"그렇습니다. 클린 생산실적은 목표치에 약간 못 미치는 것 같던데……. 어떻게, 남은 기간에 달성될 것 같습니까?"

그때 술집 사장이 들어왔다. 유 상무와는 굉장히 친해 보였다. 유 상무는 술집 사장에게 정태호 상무를 회사 실세 중의 실세라고 치켜세우며 인사를 시켰다. 그 점이 정 상무를 더욱 불편하게 만들었다.

사장이 물러나자 곧바로 유 상무는 이사회 문제를 거론했다.

"이번 이사회에서 클린과 클린업 평가가 이슈가 될 거라는 건 정 상무님께서도 잘 아시겠지요. 그러니 상무님께서 생산1팀 좀 도와주셔야겠습니다."

"제가 특별히 도와드릴 게 뭐 있나요?"

역시 예상했던 반응이라는 듯이 유 상무의 안색이 어두워졌다.

"이번에 클린업이 우리 회사의 주력상품으로 결정되면 생산1팀은 틀림없이 구조조정되겠지요?"

"장기적으로 볼 때 사장님이나 주주들은 클린업에 무게를 두겠지요."

"정 상무님도 아시다시피 돌아가신 사장님이 사업을 시

작하실 때부터 저는 이 회사에서 일해왔습니다. 생산1팀이 구조조정된다면 저 또한 다른 회사로 가든지, 아니면 젊은 생산2팀장 밑에서 일해야 합니다. 그 모습으로 어떻게 회사에 남아 있겠습니까?"

"그건 유영철 상무님께서 선택하신 일입니다. 사장님께서는 클린업 프로젝트를 유 상무님께서 맡아주길 바라셨지요. 그걸 거절한 건 유 상무님 본인입니다."

"1년 전에는 클린업에 불확실성이 많았습니다. 원래 사업이란 것이 잘될 수도 있고 안될 수도 있지만, 당시 우리 회사의 자금 규모는 신규 프로젝트를 추진하기에는 너무 위험했습니다."

"안전제일주의가 가장 위험하죠. 클린이 수익을 가져다주고 있지만 클린업은 미래 사업입니다. 지금 시작하지 않으면 몇 년 후엔 후회할 것이라는 생각이었습니다. 클린업 투자를 결정한다는 것은 미지의 위험을 받아들이겠다는 의지였지요."

"나는 논쟁을 하자는 것이 아닙니다. 오히려 합리적으로 결론을 내리길 기대하고 있습니다."

"실적은 마음대로 할 수 있는 영역이 아니지 않습니까? 제가 도와드릴 만한 능력도 없고요."

"중요한 문제입니다."

"왜 유 상무님 문제를 나한테 가져오는 겁니까?"

"이건 상무님께도 중요한 문제입니다."

"글쎄요. 더 이상 드릴 말씀이 없을 것 같습니다."

정태호 상무는 더 이상 앉아 있을 필요가 없다는 듯 자리를 박차고 일어났다. 그러자 유 상무는 목소리를 낮추며 음산한 목소리로 마지막 카드를 꺼냈다.

"상무님께서 비자금을 조성하고 있다는 걸 알고 있습니다."

유영철 상무의 목소리는 차갑고 잔혹했다. 그의 표정은 가면을 쓴 듯 무뚝뚝했으나, 이내 비열한 미소가 얼굴 전체로 번져갔다.

정 상무는 한동안 벼락이라도 맞은 듯한 얼굴로 유영철 상무를 바라봤다. 그의 눈가 주름에 약한 경련이 일었다.

"유 상무님. 지금 저를 협박하시는 겁니까?"

"중국지점과 동남아지점의 매출을 비밀 계좌로 관리해 오셨던데요."

"무슨 근거로 그런 말씀을 하시는 겁니까?"

"박영찬 과장이 생각보다 많은 걸 알고 있더군요. 상무님이 내친 박 과장이 이젠 제 사람이 되었습니다. 저랑 비즈니스를 한번 해보시죠. 숫자는 말로는 표현할 수 없지만 침묵할 수도 없는 것을 보여주곤 하죠."

정 상무의 얼굴에서 핏기가 가셨다. 정 상무의 자금책이었던 박 과장이 유 상무 쪽에 섰다면 거절할 수 없는 제안이었다. 정 상무는 일견 체념한 듯한 얼굴로 다시 자리에 앉더니 한참 동안 담배를 문 입에서 짙은 연기를 피워 올렸다. 둘 사이에 정적이 흐르는 동안 담배 연기만이 나타났다 불빛 위로 사라졌다. 정 상무의 얼굴이 몇 분 만에 몇 년은 늙은 것처럼 보였다. 반면 유 상무의 얼굴에는 승자 특유의 쾌감과 비열함이 감돌았다.

한참 만에 정 상무가 입을 열었다.

"이제 같은 목표를 공유하는 것 같으니 말씀해 보시죠. 원하는 게 뭐요?"

"모두 회사를 위한 겁니다. 저도 살고 상무님도 사는 방법이지요. 다른 이사들도 이 문제에 관해서는 저에게 일임한 상태입니다. 이사회에서 논의할 회계장부를 클린에 유리하게 작성해 주세요."

정태호 상무는 마음 한구석이 쓰려 잠시 침묵에 잠겼다가 입을 열었다.

"쉬운 문제는 아닙니다. 매출 성장률이나 시장규모 면

에서 클린업이 클린에 비해 앞서간다는 것은 회계장부를 조작하더라도 누구나 알 수 있는 사항입니다."

사실 누구나 알 수 있는 사항은 아니었다. 회계라면 의도적으로 멀리하고 싶어 하는 사람들을 숫자로 속이기란 의외로 쉬운 일이었으니 말이다. 중요하지 않은 사항은 별도로 표시하지 않아도 된다는 '중요성의 원칙'을 조금만 활용해도 자신에게 불리한 숫자는 숨겨버릴 수 있었다.

회계는 사실 자체를 전하는 것이지만, 반대로 사실을 왜곡할 수도 있는 것이었다.

"사업을 평가하는 데 꼭 매출을 기준으로 판단할 수는 없습니다. 클린업이 매출에서는 뛰어나지만 초기시장인 만큼 리스크가 있는 건 사실이지 않습니까? 이 점을 강조해 달라는 겁니다. 인간이 어디 정해진 규칙대로만 살아갈 수 있나요? 융통성을 조금만 발휘하면 서로서로 좋지 않겠습니까?"

숫자는 사람들이 생각하는 것보다 훨씬 출처가 많고 다양하게 해석된다. 권력자의 관점에서, 자신의 이익에 따라 과거가 재정리되는 일도 비일비재하다. 기업은 전쟁터였고 경제적 이익은 전쟁의 원인이자 수단이었다.

"유 상무님 말씀대로 해서 이사회를 설득시킬 수 있다

면 좋겠지만 장담은 못 하겠습니다."

"안 되면 되도록 하는 것, 그게 사업 아닙니까?"

"실적을 바꿀 수는 없습니다."

"시선을 바꿔야죠. 현재를 지배하고 있는 사람은 과거도 지배할 수 있는 법입니다."

"숫자를 수정하자는 겁니까?"

"역사가 우리에게 가르쳐준 것이 있다면 못 고칠 것은 없다는 겁니다. 현실을 그대로 드러내는 것이 아니라 원하는 삶을 그려내는 것이 우리의 목표입니다. 사람들은 고된 인생을 살아내기 위해서 필요 없는 것을 가지고도 필요한 것처럼 포장합니다. 우리가 보여주고 싶은 숫자를 사람들에게 강조하면 됩니다. 어차피 사람들은 보이는 것만 믿는 법이거든요."

분식粉飾은 본래 '분칠을 해서 곱게 화장한다'는 뜻이다. 즉, 분식회계는 회계 자료를 화장한 것처럼 보기 좋게 꾸미는 것을 의미한다. 남을 속이기 위한 것일수록 예쁘게 만들어야 하는 법이다. 회계는 경영을 위해 존재하지만, 악용하면 회계가 경영을 죽이기도 하는 것이다. 회계란 경영을 숫자로 만드는 것이지만 동시에 다른 목적으로 만들어지기도 한다. 있는 그대로 보지 않고 자신의 관점에서 바라보는 것, 여기서 모든 문제가 생긴다.

"이 사실은 우리 자신에게조차 입을 다물어야 합니다."

그들의 도덕관에서는 '안 하는' 것이 아니라 '안 들키는' 것이 중요했다. 분식회계를 저지른 사실 자체보다 그 사실이 밝혀지는 것을 더 두려워했다. 그들은 자신들이 무엇을 하고 있는지 결코 깨닫지 못하고 있었다.

"물론입니다. 우리는 경쟁자에서 이제 사업적 관계가 되었습니다. 앞으로 상무님을 건드리면 내 사업이 곤란해지니 상무님의 적은 나의 적인 셈이죠. 자, 한잔 받으시죠."

사람의 욕심은 넘쳐흐르는 술과 같았다. 술잔에 넘치도록 부어진 술은 정 상무의 손을 타고 흘러내렸다. 이제 칼자루는 유 상무에게로 넘어갔다.

조직의 구조적 결함은 욕심으로 가득 찬 인간 본성의 결함에서 비롯된다. 역사를 돌아볼 때 가장 두려워하고 경계해야 할 것은 욕심이었다. 욕망 속에 삶을 집어넣으면 사람은 불행해지지만, 그럼에도 인간은 욕심 앞에서 한없이 약해진다.

이제 유 상무와 친구가 된 정 상무는 혼자 깊은 생각에 빠져들었다.

'요즘은 친구 되기가 어렵지 않군. 어쩌면 오히려 잘된 일인지도 모른다. 적 중에는 화친해야 할 상대가 있고 맞서 싸워야 할 상대가 있는 법이다. 그래서 대부의 말을 빌리자면 적은 친구보다 더 가까이 둬야 하는 법이라고 했던가. 유 상무를 잘만 이용하면 차기 사장 자리에 올라설 기회를 잡을 수도 있다.'

오장이 뒤틀려 왔지만 이번 일이 마무리될 때까지는 유 상무를 앞세우고 뒤에서 지원사격을 해주어야 했다. 일이 잘못되면 유 상무를 내세워 소나기를 피할 요량이었다. 어차피 한쪽 발이 진흙탕에 빠졌다면 되돌아갈 것이 아니라 건너고 봐야 한다는 생각이었다.

유 상무를 잘 이용해 최 사장을 제거하고 자신이 대표이사에 취임하는 시나리오를 생각하자 정 상무는 슬쩍 웃음도 나왔다. 이사회를 움직일 수 있는 것은 유 상무가 아니라 정 상무 본인이라는 자신감이 있었다. 예상치 못한 상황에서 정 상무는 회사의 권력을 쥐려 했던 자신의 맨얼굴을 되찾고 있었다. 세상에는 뺏는 자와 뺏기는 자가 있기 마련이다. 유 상무는 자신을 이용했다고 생각하겠지만 정 상무는 오히려 유 상무를 이용할 수 있다고 생각했다. 최영순 대표이사를 제외하면 회사 내에서 차기 대표이사로는 정 상무 자신밖에 없었다.

드디어 이사회 날짜가 다가왔다. 신성훈 부장과 배석재 차장, 홍 대리도 이사회 진행을 위해 한쪽에 대기하고 있었다. 클린업은 매출액과 성장성에서 우위를 점하고 있었으나 투자비용이 과다하게 지출된 것으로 나타났다. 반면 클린은 꾸준한 매출과 비용절감을 통해 높은 이익률을 달성했다.

"오늘 이사회에는 중요한 안건이 있습니다. 이사님들의 좋은 의견을 부탁드립니다."

최영순 사장의 주재로 이사회가 시작되었고, 정태호 상무의 연간 실적 보고가 이어졌다.

"우리 회사는 전통적인 수익모델이었던 클린의 경쟁이 치열하고 고비용 구조로 시장에서 한계를 드러내고 있다는 것을 직감했습니다. 최영순 대표이사께서는 신규 제품의 필요성을 느끼고 올해부터 신규 프로젝트인 클린업을 야심 차게 시작했습니다. 클린업에 대한 매출현황과 이익현황은 나눠드린 보고서를 참고해 주시기 바랍니다."

최영순은 보고서를 살펴본 후 다소 허탈한 듯 질문을 던졌다.

"상무님, 이게 클린업에 대한 보고서가 맞나요? 클린업의 매출은 올해 초 세운 목표 이상으로 성장했습니다.

그런데 이익이 전혀 나지 않는 걸로 되어 있군요. 이유가 뭔가요?"

객관적이고 항상 진실만 말할 것 같은 숫자가 사기를 치는 듯한 느낌이었다.

"클린업에 대한 수요는 분명히 있습니다. 실제 해외 영업지점별 매출 실적이 증명하고 있지요. 그런데 신규 프로젝트이다 보니 예상외의 비용이 많이 소요되었습니다. 영업 쪽에서는 중국과 동남아지점장이 상세한 설명을 해줄 겁니다."

중국지점장이 목을 가다듬고 형식적인 인사말을 한 후 상황을 설명했다.

"클린업의 중국지점 실적은 그다지 좋지 않습니다. 아시다시피 서희 지섬은 지역색이 뚜렷한 중국의 소도시에 있기 때문에 신제품에 대한 요구가 상당히 떨어집니다. 또한 성향도 보수적이어서 복잡한 기능이 추가된 신제품보다는 기존 제품을 고수하는 고객층이 많습니다. 이러한 이유로 클린업의 재고는 늘어갔고, 저가로 판매하거나 폐기처분되는 제품이 많았습니다."

"중국지점에서는 신제품에 대한 수요가 언제쯤 발생할 것으로 기대하나요?"

영업상무의 질문이었다.

"글쎄요. 지금의 분위기라면 3~4년 정도는 더 기다려야 실질적인 수요를 창출할 수 있을 것 같습니다."

"동남아지점도 말씀해 보세요."

"동남아지점장입니다. 영업 쪽은 판매실적 자료를 참고하시면 설명이 될 겁니다. 그러나 초기상품이라 시용판매 전략을 썼는데, 고객 클레임이 많고 채권회수에 어려움이 있습니다."

"클린에 대해서도 설명해 보시죠. 클린을 가장 많이 생산하는 생산1팀 유영철 상무께서 말씀해 주시겠습니까?"

"네, 유영철 상무입니다. 클린의 시장은 거의 포화상태라 저 또한 신규 제품 출시에 대해서는 긍정적입니다. 문제는 시기라고 봅니다. 클린업 출시 타이밍이 적절했느냐 하는 것이지요. 클린은 원가절감을 통해 판매가격을 인하함으로써 가격경쟁에서 우위를 점하는 것을 목표로 삼았습니다. 이를 위해 업무를 표준화하고 공정 프로세스를 혁신적으로 개선하여 조직을 재정비했습니다. 탄소중립방안도 계획대로 진행되고 있고 품질관리에서도 성과가 있어 상당한 원가절감 효과를 보았습니다. 판매가격 전략만 새로 수립한다면 내년 시장 확보는 크게 어렵지 않을 것 같습니다."

　유영철 상무의 표정 뒤에는 정확한 숫자로 위장된 선득한 의도가 자리 잡고 있었다. 최영순 사장은 권력 투쟁이라는 거친 파도가 몰아 치는 기업 세계에서 자신만 홀로 돛단배에 올라 있다는 느낌을 받았다. 외로움마저 들 지경이었다.

　"저로서는 이 보고서 숫자가 이해가 되질 않습니다. 예상대로라면 클린업이 원가절감 단계로 진입했어야 하는데 아직도 고비용 구조를 갖고 있다니요."

　최 사장은 냉정하려고 애썼지만, 온몸이 떨려왔다. 그리고 공포감에 몸이 고목나무처럼 뻣뻣해졌다. 그녀는 무의식적으로 정태호 상무를 다시 한번 바라보았다. 그 눈빛에는 고독과 슬픔이 묻어났다.

　"사장님 생각은 이해가 됩니다만, 작년 한 해 성장 위주의 전략을 취하다 보니 자금 사정이 어려워졌습니다. 클린의 이익으로 클린업의 손실을 보전하고는 있지만, 클린업에 대한 과도한 투자로 현금흐름은 좋지 않습니다."

　이처럼 진실을 왜곡하기 위해 수많은 거짓말이 필요했을 것이다. 최 사장 앞에는 많은 직원이 있었지만, 아무도 없는 것과 다름없었다. 자신에게 가장 필요한 사람은 유능

한 자가 아니라 정직한 자라는 사실을 깨달았다.

최 사장은 조용히 다른 이사들을 응시했다.

"다른 이사님들 의견은 어떻습니까?"

"영업상무입니다. 올 한 해 회사는 규모 면에서 괄목할 만한 성장을 이루었습니다. 그러나 요즘 같은 불경기에는 내실경영을 추구해야 한다고 생각합니다. 회사가 작년에 비해 외형적으로는 커졌지만 내실 없는 '규모의 성장'이었다는 결론입니다. 늦었지만 지금부터라도 속도보다는 안정을, 규모보다는 내실을 생각해야 합니다."

그들은 숫자로 모든 것을 통제하고 있었다.

"결국 사장인 내가 책임을 져야 한다는 건가요? 주주들도 매출 증가를 기대하고 있습니다. 지금은 어느 회사나 힘든 상황입니다. 우리 회사만의 문제는 아니잖습니까?"

"물론 다른 회사도 어렵습니다. 그렇지만 이럴 때일수록 내실경영에 치중했으면 합니다. 불필요한 투자를 억제하고 기존의 핵심 제품에 집중해 전력을 다해야 한다고 봅니다."

최영순 사장은 되풀이되는 이야기에 답답해졌다. 경영은 회계로 소통을 하는데 잘못 만들어진 비즈니스 언어는 사람들을 혼란에 빠뜨렸다. 이사들은 자기 의견보다는 다

수의 의견에 따름으로써 책임을 회피하고 있었다. 그들의 의미 없는 대화가 최영순 사장을 더더욱 고독으로 몰아넣었다. 심지어 직원들이 무거운 짐처럼 느껴지기 시작했다.

"언제까지 현실에만 안주하려는 건지 궁금합니다. 지금은 고통스러울 수 있지만 그게 다 미래를 위한 투자라는 사실을 모르시나요?"

최영순 사장은 끊임없이 밀려오는 파도에 물살을 거슬러 노를 젓는 심정으로 고집스럽게 목소리를 높였다. 그녀는 이미 지칠 대로 지쳤다. 뭔가 불합리한 힘에 휘둘리는 기분이었다.

"더 이상 무슨 설명이 필요하겠습니까? 숫자가 모든 것을 말해줍니다. 사장님이 정 그렇게 무리한 투자를 고집하신다면 이번 달에 있을 주주총회에서 이 문제를 거론할 수밖에 없습니다."

사람들은 눈에 보이는 숫자만 가지고 말하고 있었다. 숫자 이면에는 수많은 이야기가 담겨 있고, 이를 알아야 숫자가 의미를 갖는 법이지만, 아무도 그 진실에는 관심이 없었다. 진실된 숫자는 사라지고 왜곡된 숫자에 모두가 휘둘리고 있었다.

이사회는 결국 문제점만 드러낸 채 아무런 결론을 내지

못했다. 주주총회에서 이 문제가 거론된다면 최영순 사장의 위치도 위험해질 수 있었다. 최영순 사장은 회사를 도둑맞을 것만 같은 기분이었다.

유 상무는 자기 자리에 돌아와 앉으면서 만족스럽다는 표정을 지었다. 정 상무가 생각보다 협조를 잘해줘서 생산 1팀이 떨어져 나갈 위기는 넘긴 것 같았다. 하지만 아직 확실하게 결론이 난 것은 아니므로 단단하게 마무리를 해야 했다.

그때 노크 소리가 들렸다. 박 과장이었다.

"어서 들어와. 이쪽으로 앉게나. 안 그래도 방금 자네를 부르려고 했는데 말이야."

유 상무는 이사회에 대한 이야기를 하다가 박 과장이 자기에게 뭔가 할 말이 있다는 걸 눈치챘다.

"이번 일은 자네 공이 크네. 위기를 넘기고 안정적인 상황에 접어들면 내 그 공을 잊지 않겠네."

"고맙습니다. 상무님, 그런데 좀 마음에 걸리는 게 있습니다."

"그게 뭔가?"

"정태호 상무 말입니다. 너무 쉽게 협조하는 게 아닌가 해서요."

일이 잘돼도 걱정, 안돼도 걱정이라는 것을 확인이라도 하듯 박 과장은 의심스러운 눈초리로 말했다.

"지은 죄가 있으면 발 뻗고 못 자는 거야. 인간은 자신의 죄를 다스리지 못하는 법이지. 정 상무, 절대 도덕적인 인물이 아니야. 죄 짓는 것은 부끄러워하지 않으면서 뉘우치는 것은 부끄럽게 생각하는 부류지. 구린 놈은 구린 놈끼리 함께 가야 탈이 없는 법."

유 상무는 살아남기 위해서 누구와도 손잡을 수 있지만, 일단 동지가 되면 절대 건드리지 않는다는 것이 조직의 법칙이라는 듯 정 상무를 믿었다. 그러나 박 과장은 여전히 걱정스러운 듯 조심스럽게 말을 이었다.

"그렇게 단순한 문제가 아닌 것 같습니다. 상무님은 정 상무가 무슨 의도로 비자금을 조성했다고 생각하십니까? 알아본 바에 따르면 정 상무가 은밀히 회사 주식을 매입하고 있다고 합니다."

"뭐라고?"

"정 상무는 클린업을 성공시킨 뒤 그 공을 자신의 것으로 만들어 이사회와 주주들의 지지를 받아 대표에 취임하려고 할 수도 있습니다. 그런데 저희가 비자금을 알게 되니 방향을 수정한 것 같습니다. 말하자면 우호 지분을 매입해 실질적인 대주주 가운데 한 사람이 될 수도 있다는 거지요."

어쩌면 정 상무는 최악의 경우까지 염두에 두고 혼자서 살길을 마련해 두고 있을지도 모른다. 최 사장을 공격하기 위해 손을 잡았지만 정 상무 같은 사람은 언제든 배신할 수 있다. 사실 능력과 경력에 비춰볼 때, 유 상무 자신도 대표이사가 되지 못하리란 법은 없다는 생각이 들었다.

유 상무는 지금은 비록 한배를 탔지만 최 사장이 자리에서 물러나면 정 상무와 또다시 대적할 것임을 직감했다. 서로 싸우다가도 공통된 목적 앞에서 하나가 되고, 목적이 달성되면 다시 갈라지는 게 인간이다.

"박 과장, 정 상무 외에 우리 측으로 끌어들일 만한 주주를 확보하고 주주총회장에도 사람 좀 심어놔. 세상은 돈이 전부야. 돈으로 안 되는 게 어디 있어. 돈만 있으면 귀신도 부릴 수 있는 법이지. 푼돈이면 주총장에서 깽판 칠 놈들 끌어들이는 것은 일도 아니니까."

모든 것을 숫자로 바꿀 수 있다면

그것을 이해할 수 있다.

내부고발자가
될 것인가?

이사회를 끝내고 홍 대리의 마음은 더 무거워졌다. 최 사장의 자리는 위험해졌고, 야심 차게 준비했던 클린업의 성과에 대해서도 이사회에서는 부정적인 결론을 내리고 말았다. 무슨 일인지 클린업의 핵심 인물인 정 상무까지 한 발 물러나 강 건너 불구경을 하고 있었다. 무엇보다 이 상태로 주주총회까지 간다면 여러 이사들의 의견대로 클린업은 구조조정해서 매각할 수밖에 없고, 최 사장은 경영 실패에 대한 책임을 지고 대표이사 자리에서 물러나야 했다. 최 사장은 외딴섬에 홀로 고립된 상황이었다.

다음 날 아침, 홍 대리는 배석재 차장과 조용히 이야기를 나누었다.

"차장님, 어제 이사회 어떠셨어요?"

배 차장의 생각이 궁금해진 홍 대리가 물었다.

"글쎄, 나는 임원들 생각에 관여하고 싶지 않아. 정치 싸움에 개입되면 머리만 복잡하거든. 그건 회계 담당자로서 적절치 않은 행동이기도 하고, 헛된 생각 집어치우고 시킨 일이나 하는 것이 이런 싸움에서 살아남는 유일한 방법이야."

배석재 차장은 자신이 모범적인 회계인이라는 듯 딱 잘라 말했다. 홍 대리의 목소리가 항의하듯이 커졌다.

"회계인은 자본주의의 파수꾼이라면서요. 잘못된 것은 잘못되었다고 말하는 것이 우리가 해야 할 일 아닌가요?"

"홍 대리, 침묵을 지켜야 할 때야. 입을 다물어 후회하는 일은 없지만, 말로 위험해지는 일이 얼마나 많은데. 회계를 하는 사람은 뭔가를 알아야 하는 동시에 또 몰라야 하는 법이야."

보수적이라는 것은 불확실할 때 위험을 최소화하는 것으로, 비겁하지만 가장 확실한 자기 방어였다. 배 차장은 회계인의 습성이 몸에 밴 듯 안전한 곳에 뿌리내리고 싶어 했다. 그러나 홍 대리에게는 한없이 나약한 모습으로 비칠 뿐이었다.

"차장님, 알면서도 모르는 체하는 건 침묵을 지키는 게 아니라 숨기는 거예요. 진실 앞에서 침묵하는 건 비겁한 행동이라고요. 우리는 영혼과 양심을 지켜야 할 의무가 있습니다."

홍 대리는 배석재 차장에게 목소리를 높여 따지듯이 말했다.

"홍 대리, 이상과 현실은 달라. 우리 말이 사실이라고 해도 사람들은 우리보다 힘센 사람들의 말을 믿을걸? 또 아무리 정직한 행동이었다고 해도 내부고발자가 회사에 남아 있을 수 있다고 보나? 사람은 순리대로 살아야 해. 강직한 건 위험한 일이야. 괜히 영웅이나 된 것처럼 모난 행동을 하는 사람은 조직에 붙어 있을 수 없어. 그렇다고 세상이 바뀌는 것도 아니야. 현재 상황도 자네나 나처럼 무력한 사람들은 그저 조용히 지켜볼 수밖에 없어. 어차피 진실은 덮어두어도 시간이 지나면 저절로 드러나게 돼 있거든."

"알고 싶지 않은 정보를 차단하고 싶으신 건가요?"

홍 대리의 따지는 듯한 말에 배 차장은 무겁게 입을 열었다.

"밖으로 알려지면 아수라장이 될 텐데 그러면 질서가

유지될까?"

"진실보다 질서가 더 중요해요?"

홍 대리의 목소리가 높아지자 배 차장의 얼굴이 굳어지며 천천히 입을 열었다.

"나는 책임져야 할 가족이 있어서 모험을 하고 싶지 않다고."

배석재 차장의 입술이 파르르 떨리고 있었다. 홍영호 대리는 가족이라는 말에 더 이상 할 말이 없었다. 안정에 대한 배 차장의 집착에 가까운 모습 뒤에는 가장이라는 이름이 있었다. 홍 대리를 더욱 짓누르는 것은 도덕이냐 현실이냐의 갈림길에서 자신으로 인해 상처받을 가족의 모습이었다. 두려움이 인간을 허약하게 만들고 회사에서 지켜야 할 의무를 소홀하게 만드는 것 같았다.

고민은 쉽게 해결되지 않았다. 자신의 행동이 가져올 파장에 대한 두려움이 거센 파도처럼 밀려왔다가 쓸려 나갔다. 어떤 결정도 내리기가 두려웠다. 배 차장처럼 발을 빼는 것이 가장 안전해 보였다. 이제 용기를 내야 할 사람은 자신밖에 없었지만, 자신이 너무 이상에 사로잡힌 것은 아닐까 하는 생각도 들었다. 현실과 타협하는 법을 배울 때인 것 같아서 더욱 혼란스러웠다.

정태호 상무가 비자금과 관련이 있다는 정황이 뚜렷하고, 생산1팀까지 의심스러운 상황에서 직속 선배인 배석재 차장은 전혀 도움이 되지 않았다. 더구나 그의 말이 전혀 틀린 것도 아니었다. 무엇이 정말 옳은지 판단이 서지 않아 홍 대리는 망설였다.

자신이 죄를 지은 것은 아니지만 죄가 있는 것을 모른 체하자니 양심에 걸렸다. 양심과 현실 사이에서 괴로움은 깊어만 갔다. 바로잡고 싶었지만 진실을 밝히는 일에는 진실을 숨기는 것보다 더 큰 용기가 필요했다.

그때 마침 영주로부터 저녁에 보자는 메시지가 왔다. 그렇지 않아도 머리가 복잡했는데, 정말 반가웠다.

약속 시간이 조금 지났지만 영주는 아직 오지 않았다.

"미안해. 많이 기다렸지?"

여전히 해결되지 않은 고민을 붙들고 있는 사이 어느새 영주가 도착했다.

"나도 금방 왔어. 차 많이 막히지?"

"응. 바쁜 일은 이제 끝났어?"

"당장 급한 일은 끝났어. 아, 일단 음식 먼저 시킬까? 아구찜 먹자."

한창 식사를 하던 중, 문득 영주가 물었다.

"신규 프로젝트는 잘 되고 있고?"

"그게 잘 되고 있다고 해야 하나, 아니라고 해야 하나……. 내 상식으로는 이해가 가질 않는 부분이 있어. 저번에 출장 갔을 때 대부분 해외 영업지점이나 생산팀에서는 긍정적이었는데 이사회에서는 그렇지 않았어. 내가 아는 것들과 내가 본 것들이 다르다는 사실이 혼란스러워. 어쩌면 그 차이가 정말 정 상무님의 비리 때문일지도 몰라. 그들이 비리를 저질렀다는 정황적 증거가 있는데, 이를 밝히는 게 맞는 건지도 모르겠고……."

영주는 어느새 감정이 풀려 영호를 다독이듯 물었다.

"오빠 회사에 대해서 내가 잘 모르니까 도움이 될지는 모르겠는데, 내가 이해하기로는 신규 프로젝트의 성과가 오빠 생각과 많은 차이가 있다는 것 같네. 그치?"

"응."

"분야는 다르지만 나도 비슷한 고민을 할 때가 있거든. 내가 잘못 진단해서 처방이 잘못됐을 때 환자에게 사실대로 잘못을 말할 것인지 아니면 모른 척하고 최선을 다했다고 변명할 건지 갈등할 때가 있어."

영주는 자신의 경험을 상기하면서 계속 말을 이었다.

"의사들은 사람을 숫자로 묘사하는 습관이 있어. 회계하고 비슷하지. 그런데 사람들이 흔히 하는 실수 중 하나가 일부를 보고 전체를 판단하려고 하는 거야. 몸무게만으로 사람의 비만도를 말할 수는 없어. 키나 체질에 따라 같은 체중이라도 비만일 수 있고, 아닐 수도 있기 때문이야. 그래서 진단을 제대로 하려면 항상 전체 안에서 부분을 봐야 해."

영주의 말에 신 부장이 생각났다. 신 부장은 이익이나 자산이 얼마인가는 회사라는 전체의 일부를 반영한 것일 뿐, 그 자체로는 의미를 갖지 못한다고 했다. 숫자는 전체의 일부로 작용할 때 그 의미가 있다는 것이다.

영주의 말을 듣다 보니 조금씩 빛이 보이는 듯했다. 모든 문제는 우리가 만든 것이므로 우리 자신을 들여다보면 해결책이 보일 것 같았다. 내면에서 일어나는 진실을 알고 싶어 하면서도 자신은 그것들의 껍데기에만 매달려 있었다.

하지만 여전히 확신할 수는 없었다.

"그런데 나한테 그런 힘이 있을까? 또 어떻게 진단을 해야 하는지도 모르겠는데⋯⋯. 솔직히 두려워."

영호의 얼굴이 근심으로 어두워졌다.

"나 역시 항상 두려워. 그리고 그건 너무나 당연해. 하지만 맞서지 않으면 후회할 거야. 환자를 진단할 때는 비슷한 증상이 있는 환자의 자료를 검토하곤 해. 오빠도 오빠 회사와 비슷한 회사의 자료를 분석해서 비교하면 되지 않을까? 짧게 보면 안 보이는 것이 길게 보면 다 보이는 법이니까 10년 이상 데이터를 잘 살펴봐 봐. 그저 바라만 봐도 보이는 게 있지. 현재의 모습은 그동안의 역사에서 탄생한 것이니까."

영주는 목이 말랐는지 물을 한 모금 마시더니 말을 이었다.

"우리 몸은 수많은 조직으로 구성되어 있고 이 조직들이 각자 일정한 기능과 역할을 해. 회사도 마찬가지 아닐까? 내가 회계는 잘 모르지만 회사에는 수많은 숫자가 있잖아. 이 숫자들이 우리 몸의 조직처럼 서로 역할을 할 테니까 숫자들의 연계를 찾아내면 문제가 보일 것 같은데……. 오빠가 맨날 만드는 재무제표는 회사의 관상 같은 게 아닐까?"

사람의 얼굴을 보고 마음을 아는 기술은 없지만 회사의 얼굴을 보고 회사의 상태를 알 수는 있었다. 오늘을 설명하기 위해서는 어제를 정확하게 짚고 넘어가야 했다.

영주의 말은 허준 회계사의 말과 일맥상통했다. 허준

회계사는 재무제표를 볼 때 10년 치 이상을 비교해 보라고 했다. 단기간의 실적만 분석하면 전체를 보지 못하고 잘못 판단할 수 있기 때문이다.

영주의 말을 듣고 보니 문득 재무제표는 의사가 사용하는 청진기와 비슷하다는 생각이 들었다. 의사가 청진기로 환자를 진단하고 처방하는 것처럼 재무제표로 기업의 경영 상태를 진단하고 처방하는 것이다. 회사에 이익이 나고 현금이 제대로 흐르며 적정 성장을 위해 이익이 재투자되고 있는지 진단해 주는 청진기가 바로 재무제표인 셈이었다. 현재의 건강 상태는 오랫동안 이어진 식습관이 가져온 결과인 것처럼, 회계는 기업경영의 결과다. 그래서 회계는 현미경처럼 경영의 뜻을 밝히고 있는 것이다.

영호는 의사인 영주가 자신보다 더 회계인 같다는 생각에 웃음이 나왔다. 영주의 말에서 회계를 통해 기업의 건강 상태를 체크하고 더욱 건강해지도록 도와줄 수 있다는 힌트를 얻었다. 영호는 영주와의 대화를 통해 앞으로 나아가야 할 방향을 잡을 수 있었다.

며칠 후, 홍 대리는 다니는 아무도 없는 복도 끝 계단에서 이현숙 주임과 단둘이 이야기를 나누었다. 이사회 문제로 의논할 사람은 이제 이현숙 주임밖에 남지 않은 것 같았다.

"이 주임님, 이 자료 검토 좀 도와주시면 안 될까요?"

이현숙 주임은 홍 대리가 왜 이사회 자료에 집착하는지 궁금했지만, 직감적으로 뭔가 문제가 있음을 눈치챘다.

"뭔가가 있죠? 다 끝난 자료를 다시 검토하는 건 뭔가 문제가 있다고 확신한다는 건데……."

홍 대리가 망설이는 눈치를 보이자 이현숙 주임은 어린애처럼 토끼 눈이 됐다.

"제가 현장에서 느낀 것은 클린업에 대한 비전이었어요. 영업부나 생산부는 상당히 긍정적으로 보고 있었고 동남아지점과 중국지점은 회계상 문제가 있었거든요. 그런데 이사회에서는 오히려 동남아와 중국지점의 의견이 반영되고, 클린업을 포기하는 쪽으로 이야기가 진행됐죠."

"홍 대리님이 잘못 본 거 아니에요?"

"저도 혹시 그럴까 봐 다시 한번 검토하고 싶은데 어떻게 시작해야 할지 잘 모르겠어요. 이 문제를 해결할 수 있을까 하는 두려움이 커서요."

"좋아요. 저도 검토 작업을 도울게요."

자료가 잘못됐다면 자신에게도 책임이 있다는 생각에

이현숙 주임은 재무자료를 검토하기 시작했다. 주총 전에는 해결해야 하므로 시간이 없었다.

회계감사는 객관적인 사실을 보여준다. 수면 위에 떠 있는 빙산을 보고 수면 밑에 잠겨 있는 상징이나 진실을 볼 수 있어야 했다. 즉, 숫자 안에 숨어 있는 내용을 끌어내 그것으로 새로운 이야기를 쓰는 상상력이 필요했다.

역추적 방식으로 각종 재무비율을 분석하고 상식에 어긋나는 숫자들을 추적해 보니 원인과 결과가 이어졌다. 동남아지점과 중국에는 홍 대리의 예상대로 대금 회수와 가공재고 문제가 있었고, 생산1팀의 원가율도 너무 낮게 나왔다. 상식을 벗어나는 숫자에 대한 의문들은 장애물이 아니라 실마리를 찾는 단서였다. 인간의 성격이 겉모습보다 그의 말과 글에 나타나듯이 회사의 진짜 모습은 숫자에 드러나게 되어 있다.

이러한 의문을 기초로 통장상의 자금 흐름을 일일이 대조해 보니 상당한 자금이 회사 밖으로 유출되고 있었고, 그 배후에 누군가 있다는 것을 확신할 수 있었다. 퍼즐조각처럼 흩어졌던 이야기가 맞물리면서, 숫자는 조금씩 진실을 드러내고 있었다.

"홍 대리님 말이 맞는 것 같은데요? 회사 내 누군가가 비자금 조성에 관련되어 있는 것 같아요."

이현숙 주임의 목소리에 은근한 두려움이 묻어났다.

"이 주임님은 이 정도에서 손을 떼는 게 좋겠어요."

정 상무의 비자금 자료는 이미 파악하고 있는데 그 과정에 유 상무까지 개입된 정황이 의심되면서 파장효과를 가늠할 수 없었다. 세상에 돈 싫다는 사람 없었고 어떤 사람한테는 진실보다 돈이 먼저였다. 돈의 힘은 생각보다 막강했다.

"홍 대리님, 제 걱정 하는 거예요? 저는 홍 대리님이 걱정되는데요. 저도 도울게요. 저도 같이 옳은 편에 서고 싶어요."

이 주임의 강단에 홍 대리도 용기가 생겼다. 이 싸움은 그들에게 이익을 주는 것도 아니었고, 도리어 피해를 입을 수도 있는 일이었다. 단지 회계인의 책임감으로 진실을 알려서 회사를 살리려는 것뿐이었다. 둘은 타협하지 않고 신념을 따르기로 했다.

위험을 헤아리기보다 이것이 오직 올바른 행위인지 아닌지를 밝혀내겠다는 의지가 불타올랐다. 의도치 않은 모험 속에 던져졌지만, 혼자가 아니라 함께할 동지가 있어서 다행이었다.

"이 주임님, 고맙습니다."

"고맙긴요. 사소한 건데요."

"세상에 사소한 것은 없어요. 특히 이번 일은 더욱더요."

아침부터 경영지원팀은 주주총회 준비로 분주했다. 총회가 열리는 대회의실에는 이른 아침부터 몇몇 주주들이 와 있었다. 경영지원팀 직원들은 그들을 안내하느라 분주한 모습이었다.

"그런데 홍 대리는 안 왔나?"

"네, 오늘은 보지 못했는데요."

"이렇게 바쁜데 어딜 간 거야? 얼른 준비하게. 총회까지 한 시간밖에 남지 않았어."

주주총회는 매년 3월 셋째 주 금요일 오전 9시에 열렸다. 많은 회사가 한날 주주총회를 열기 때문에 소액주주는 여러 회사에 참여할 기회를 박탈당한다. 또 소액투자자와 기관투자자의 의결권 행사를 막기 위해 일사천리로 주주총회를 30분 만에 끝내버린다. 회의는 짧을수록 좋다는 경영이론을 너무 잘 배운 탓인지 주주총회에서는 소액주주들이 '어' 하는 사이에 안건이 통과되고, 말발이 없는 사람들은 발언할 타이밍도 잡지 못한다. 어렵게 참석한 몇몇 소액주주도 정신 못 차리는 틈에 회의가 끝나면 허탈하게 재무자료와 기념품을 하나씩 들고 발길을 돌리는 것이 주총장의 관례 아닌 관례였다.

그러나 오늘 주총은 분위기부터 달랐다. 멀리서 유영철 상무와 박영찬 과장이 여유 있는 모습으로 걸어오고 있었다. 그들은 정태호 상무에게 살짝 묵례를 하고 서로 눈빛을 주고받았다.

가장 큰 대회의실로 장소를 정했음에도 빈자리가 거의 없을 정도로 주주총회 장소는 꽉 찼다. 클린업의 실적이 좋지 않다는 소문에 소액주주들까지 주주총회에 관심이 많았다.

이번 주주총회에서는 신규 프로젝트였던 클린업에 대한 책임을 대표이사에게 물을 것인지 여부가 관심사였다. 주주들의 혼란을 예상한 이사회에서는 대표이사가 책임을 지는 쪽으로 분위기를 모을 것 같았다.

주주총회에는 대표이사를 포함한 임원 대부분이 모였다. 의장을 맡은 최영순 사장의 인사말로 주주총회가 시작되고, 회사의 업무보고와 재무제표 보고가 이어졌다. 주주에 대한 배당 문제로 약간의 논쟁이 있었지만, 그보다는 신규 프로젝트에 대한 보고와 이사 선임이 가장 큰 이슈가 될 분위기였다. 여기저기서 주주들의 질문이 쏟아졌고 대표이사의 답변이 계속됐다. 특히나 유 상무와 정 상무 측에서 심어놓은 주주들은 최 사장을 공격할 준비가 되어 있었다.

"작년 실적이 상당히 좋지 않은 것으로 되어 있는데 그 주된 원인이 어디에 있다고 보십니까?"

"작년에 신규 프로젝트로 추진한 클린업이 예상과 달리 손실을 냈습니다. 그러나 클린업을 계속해서 추진해야 한다는 생각에는 변함없습니다."

"이사회에서는 올해도 클린업의 손실이 예상된다고 하던데 의장님은 다른 이사들과 생각이 다른가요?"

"예상대로라면 내년부터는 확실하게 이익이 나올 것입니다."

최영순 사장은 단호하게 대답했다.

"그럼 다른 이사들 생각이 잘못된 건가요? 클린업에 대한 잠재 수요가 있는 것은 사실이지만 회사의 자금 여력이나 마케팅 능력으로 봐서 향후 몇 년간 적자폭이 더 커질 것 같다는 의견인데요. 의장님은 어떻게 생각하시는지요?"

"마케팅이나 자금 문제는 아니라고 봅니다. 재무제표를 검토해 보니 매출채권과 재고자산 관리에 문제가 있었던 것 같습니다. 해당 해외영업지점에 책임을 묻고 있는 중입니다."

"아니, 경영자의 책임을 직원에게 전가하겠다는 말씀인가요?"

이미 예견된 것처럼, 주주총회는 최영순 사장에게 불리하게 돌아가고 있었다. 이사들도 클린업에 대해 회의적이었고 몇몇 대주주에게는 이사들이 이미 설득 작업을 해놓은 참이었다. 주주총회에서는 최영순 사장을 대표이사에서 해임하자는 건의안이 나오고 있었다. 이것은 최영순 사장에 대한 사형선고나 다름없었다.

유 상무 측에서 심어놓은 소액주주들이 상황을 극으로 치닫게 만들었다. 주주총회장은 웅성거리기 시작했고 금방이라도 뭔가 터질 듯한 분위기였다. 회사의 역사가 다시 쓰일 수 있는 상황이었지만, 실제로 최영순 사장에게 중요했던 것은 사장이라는 자리가 아니라 회사에 대한 의무였다. 그랬기에 해임안이 나왔을 때 그녀가 느낀 감정은 자리를 내놓아야 한다는 두려움보다 회사를 지켜야 한다는 사명감이었다. 그러나 상황은 너무 빨리 전개되었고, 이미 그녀의 통제권을 벗어나 있었다.

'여보, 미안해요. 최선을 다했지만…… 내가 많이 부족

했나 봐요.'

이미 되돌릴 수 없다는 생각에 최영순 사장은 죽은 남편에게 마음속으로 사과했다.

그때 누군가가 대회의실로 급히 뛰어 들어왔다. 홍 대리였다.

정 상무가 수업에 늦은 학생을 바라보는 선생님처럼 불만 가득한 얼굴로 홍 대리를 바라봤다. 홍 대리는 그런 정 상무를 쳐다보지 않고, 평소 안면이 있던 주주에게 다가가 귓속말을 건넸다. 그는 홍 대리가 가져온 서류 뭉치를 보면서 크게 놀라더니 발언권을 요청했다.

"죄송하지만, 놀라운 자료가 있군요. 이사회에서 제출한 결산서가 잘못됐다는 제보가 있습니다."

회의 석상은 다시 소란스러워졌다.

최영순의 입에서 무의식중에 푹, 한숨이 터져 나왔다.

일순 여러 이사들의 얼굴이 일그러졌다.

"아니, 무슨 엉뚱한 소리입니까? 결산서가 잘못됐다니요?"

모든 주주들의 시선이 이사들에게로 쏠렸다.

"누군지 모르겠지만 우리를 모함하고 있는 겁니다. 작년 실적은 회계법인에서 철저하게 감사를 받은 재무제표입니다. 잘못됐다는 건 있을 수 없는 일입니다. 그 제보를 한 사람이 도대체 누구입니까?"

가장 먼저 반발하고 나선 것은 유 상무 측 주주들이었다.

사실 회사는 '슈퍼갑'이고 외부감사를 진행하는 외부감사인은 그런 회사의 눈치만 보는 '을', 아니 '병'의 신세였다. 소유와 경영이 분리되지 않은 경우가 많은 우리나라는 기업이 감사인을 자유롭게 선임하는 자유선임제를 도입하고 있다. 그러다 보니 감사인은 회계감사를 하더라도 기업 비위를 맞추느라 자료 요구조차 구걸하듯 하게 되고, 이는 곧, 회계투명성을 낮추는 원인이 되었다.

"고발자는 이 자리에서 밝힐 수 없습니다. 이미 금융감독원 감리가 착수되었고 검찰에까지 고발되어 수사가 진행 중에 있습니다. 재무제표를 승인할 수는 없으니 조사결과가 나오고 나서 임시총회를 개최하는 것이 어떻습니까?"

곧이어 주주총회장에는 사복을 입은 검찰 직원들이 들이닥쳤다. 건강한 체구의 남자 몇 명이 정 상무의 양팔을 포박하여 질질 끌다시피 데려갔다. 정 상무는 직원들 앞에서 초라한 모습을 보이는 게 죽기보다 싫었던지 바닷가에서 갓 잡아 올린 생선처럼 펄떡거렸지만, 도리어 더욱 초라

해 보일 뿐이었다.

정 상무와 유 상무는 자신을 방어하기 위해 침묵으로 일관했지만, 시간이 흐르면 진실은 알려지는 법이다. 아무리 부패하고 혼탁한 사회에서도 정의는 결코 죽지 않았으며, 숫자는 결국 진실을 드러냈다.

며칠 후, 정태호 상무가 매출 누락을 통해 비자금을 조성했을 뿐 아니라 유영철 상무와 공모하여 클린업의 실적을 조작하고 분식회계를 했다는 사실이 밝혀졌다. 유영철 상무는 신상품 프로젝트를 헐값에 매각하기 위해 손실 폭을 높이는 작업을 진행한 것으로 드러났다. 그는 모든 비리를 정 상무에게 뒤집어씌우려 했지만, 막다른 골목에 다다르자 오히려 정 상무가 유 상무를 걸고 넘어졌다.

일시적이나마 정태호 상무와 한배를 탔던 유영철 상무는 사건의 핵심을 정 상무의 비자금 사건에 두며 자신은 내용을 알지도 못하고 지시한 적도 없다면서 무죄를 주장했다. 그러나 모른다는 발뺌이 더욱더 상대방을 자극하며 자존심을 건드렸고 폭로전 양상으로 흘러갔다. 어제의 동지는 오늘의 적이 되었다. 이 사건은 탐욕이라는 전차가 어떻게 파멸이라는 도착지까지 달려가는지를 여실히 보여주었다. 개인의 욕망과 야심을 위해 회사에 대한 의무도, 최소한의 양심까지도 저버리다니. 도대체 돈이 뭐길래 그러는 걸까? 항상 돈이 말썽이었다. 그러나 돈 앞에 무릎을 꿇는 자들의 말로는 항상 뻔했다.

경영의 본질, 숫자로 보는 능력

얼마 후, 불구속 상태에서 수사를 받던 정 상무가 자살했다는 소식이 들려왔다. "저는 진실하지 못했습니다"라고 적힌 짤막한 유서도 공개되었다. 추운 겨울이 되고 나서야 소나무가 시들지 않는다는 것을 알듯, 회사가 어려울 때 비로소 깨끗한 사람과 더러운 사람이 드러나는 법이다. 검찰 조사의 압박감을 이겨내지 못한 것이다. 정태호 상무가 횡령한 돈으로 사둔 금괴는 유 상무의 집에서 압수해 회수했지만, 절반이 넘는 나머지 돈은 주식에 투자했다가 대부분 손실을 보았기 때문에 거의 회수가 불가능했다.

돈 앞에서 사람의 마음은 참 나약했다. 그러나 세상엔 공짜가 없는 법이다. 모든 일엔 대가를 치러야 한다. 부당한 이득은 결국 손해와 같다. 도의를 저버린 정 상무는 고독에 몸부림치다 죽음의 길을 걸어갔을 것이다.

최영순 사장 방에서는 허준 회계사와 경영지원팀 직원들, 그리고 몇몇 임원이 진지하게 이야기를 나누고 있었다. 정 상무 일은 자업자득이라고 생각하면서도 한편으론 측은하게 여겨졌다. 비록 끝은 아름답지 못했지만, 오랜 기간 의지하고 지냈던 정 상무의 소식에 최영순 사장은 긴 한숨을 내쉬었다.

"클린업의 실적이 발표되고 정 상무까지 등을 돌렸을 때는 내 판단에 후회가 들었거든요. 제일 가까이 있는 사람이었는데 누구보다 멀게 느껴졌어요. 모든 것을 정 상무한테 줬는데 이런 식으로 보답을 하네요."

한편 구속 수사 중이던 유 상무가 분식회계는 윗선 지시라고 자백하면서 최순영 사장의 개입이 있었는지에 대한 소문이 돌았고, 검찰에서도 집중적으로 조사가 이루어졌다. 박 과장도 재판 과정에서 정 상무가 시킨 일을 처리한 것이라고 항변했지만 계속적으로 배임과 횡령행위에 관여하여 회사에 손해를 끼친 것으로 판결이 나면서 형사처벌을 받고 회사를 떠날 수밖에 없었다. 윗선 개입은 없었던 것으로 결론이 났지만 최영순 사장은 이번 사건으로 많이 지쳐버렸다.

"하마터면 클린업이 헐값에 매각될 뻔했습니다. 아찔한 순간이었죠. 위기를 넘겨 천만다행이에요."

허준 회계사가 안도의 한숨을 내쉬며 말했다.

"이번에 회사가 위험에서 벗어날 수 있었던 것은 홍 대리의 용기 덕분입니다. 진실 앞에서 정의를 지킨다는 것이 얼마나 어려운 일인지 알아서 더 고맙네요."

최영순 사장이 홍 대리를 흐뭇한 눈길로 바라보았다.

"아닙니다. 할 일을 했을 뿐입니다. 솔직히 진실을 말한 후에 자유로워졌습니다."

홍 대리는 잠시 주위를 둘러보고 말을 이었다.

"혼자라면 할 수 없었을 거예요. 사실 저 혼자가 아니라 우리 모두가 한 일이죠. 허준 회계사님, 이 주임님, 지점 관계자들, 모두 같이 해낸 것입니다."

"회계는 회사의 역사인 만큼 홍 대리가 우리 회사의 역사를 다시 쓰게 되었네요."

"홍 대리가 회계 업무를 맡은 지 2년도 채 되지 않았는데 이 엄청난 사건을 알아냈다는 게 대단한데요. 강한 힘보다 올바르게 사용하는 힘이 용기라는 생각이 듭니다."

조직에서는 의무와 책임을 저버리고 타락하는 사람이

부지기수였다. 그랬기에 최영순은 자신이 해야 할 일을 알고 온전히 자신의 힘으로 극복해 낸 홍 대리의 용기가 더욱 고마웠다. 스스로를 속이지 않는 마음이 절실한 세상이었다. 이런 사회적 의무와 용기는 길을 가다가 고난을 당한 사람들로부터 시작한다는 생각이 들었다. 세상은 저절로 좋아지지 않는 법이다. 악한 공격은 선한 사람들을 더욱 공고하게 단결하도록 만들었다.

"회계 정보이용자란 쉽게 말해 우리 회사에 대해 알고 싶어 하는 모든 사람입니다. 사장님이나 저 같은 직원들도 해당되고요. 우리 회사를 믿고 투자한 주주들이나 대출해 준 은행, 우리를 믿고 거래하는 거래처……. 모두 우리의 재무정보를 토대로 의사결정을 하겠지요. 그래서 저는 우리 회사를 알고 싶어 하는 정보이용자를 한번 만나보기로 했습니다. 직접 만나지 않으면 그들의 뜻을 정확히 알 수 없을 거라 생각했어요. 숫자 뒤의 사람을 보려고 했던 것이 회계 업무를 보는 데 아주 중요한 경험이었습니다."

회계는 숫자를 통해 경영을 살피며 미래를 보아야 했지만, 현실에서 회계인들은 항상 과거의 자료를 정리하는 방식에 사로잡혀 있다. 하지만 회계란 단지 숫자의 서술이 아니라 사람이 엮어내는 감동적인 경영 드라마다. 진짜 회계를 깨달을 때 진정한 비즈니스인이 될 수 있다.

허준 회계사가 대견하다는 듯 홍 대리의 어깨를 두드렸다.

"단순히 관찰자가 아니라 당사자로서 현장을 살아가는 직원들을 돌아본 것이군요. 회계인에게는 회계 정보이용자가 고객이지요. 영업인들이 고객을 찾아다니듯 회계인도 고객을 찾아다녀야 하는데, 그렇게 하지 않으면서 회계에 벽이 생긴 겁니다. 회계인들만의 세계가 된 거죠."

허 회계사는 계속 말을 이어나갔다.

"사실 회계는 쓰는 사람의 것이 아니라 읽는 사람의 것입니다. 그래서 경영에 연결되지 못한 회계는 뿌리가 없는 나무와 같습니다. 정보이용자를 가지지 못한 숫자는 죽은 숫자이며 무의미할 뿐입니다. 나쁜 회계의 절반은 땀을 흘리지 않은 탓이죠. 숫자란, 현장에 영향을 줄 수 있을 때만 존재가치가 있거든요."

허준 회계사는 회사의 재무제표를 5분 안에 이해할 수 없다면 그 재무제표는 잘못 만들어진 것이라는 말도 더했다.

회계는 회계투명성을 높임으로써 윤리 경영과 지속 경영을 하기 위한 최소한의 투자라고 할 수 있지만, 대부분 회사에서는 회계업무를 비용으로 보고 있었다. 회계인이 해야 할 일은 발생한 영수증을 있는 그대로 회계처리해서 공식대로 회계정보를 만들어내는 것이 아니라, 경영의 세계를 바탕으로 새로운 세계를 만들어내는 것이어야 했다.

"저도 그동안 사업하는 사람들이 왜 그렇게 회계에 신경을 쓰는지 이해가 안 됐어요. 그래서 회계자료를 거의 무시하고 기억이나 감각에만 의존해 왔는데, 기억은 결점과 왜곡투성이였죠. 우리의 기억력은 한계가 있잖아요. 그러니 사실은 회계에 신경 쓰는 사장보다 회계를 진지하게 받아들이지 않는 사장이 더 이상한 거겠죠."

최영순 사장은 지난 일을 떠올리며 반쯤은 다짐하듯 말했다.

"회계를 모르면 절대 사업가로 성공할 수 없다는 것도 깨달았어요. 재무능력이 부족하다 보니 하마터면 잘못된 보고서만 보고 클린업을 포기할 뻔했잖아요. 아무리 데이터를 모아도 숫자를 어떻게 보는가에 따라 결론이 완전히 달라질 수 있으니 숫자로 경영의 본질을 보는 능력을 갖춰야 할 것 같아요."

최 사장은 그간 놓치고 있던 회계의 역할들을 마주하게 됐다. 그것은 경영 현장에서 회계가 이름 없이 이루어낸 것들이었다. 최 사장 역시 경영인으로 살면서도 정작 경영이 무엇인지 모르고 있었던 것이다.

회계는 진정 살아 있는 언어여야 한다. 숫자로 구체화된 경영목표는 실현 가능성이 높다. 측정되지 않는 것은 관리되지 않기 때문에 숫자로 표현할 수 없는 목표는 목표가 될 수 없다. 회계를 안다고 꼭 경영을 잘하는 것은 아니지만, 회계를 모르고 사업을 잘할 수는 없는 법이다.

회계는 경영의 룰과 같다. 회계를 모르고 경영을 한다는 것은 룰도 모르고 야구 경기를 하는 것과 마찬가지인 셈이다. 어쩌면 이것은 경영자에게는 범죄일지도 모른다고 최 사장은 생각했다. 따지고 보면 이번 사태도 내부회계관리제도의 문제라기보다는 이 제도를 제대로 운영하지 않은 자신의 책임이 컸다. 대표의 의지가 부실했기 때문에 회계제도를 무력화하려는 시도가 쉽게 일어났던 것이고 공모와 위조가 더해져 내부통제에 실패한 것이다. 그래서 그는 다시 회계의 눈으로 경영을 바라보리라 마음먹었다.

딸 은주를 볼 때마다 어쩜 이렇게 죽은 남편을 닮았을까 싶었는데 아이들의 모습이 회계와 같다는 생각이 들었다. 아이는 부모의 거울이어서 좋은 점뿐 아니라 나쁜 점도 닮는다는 것이 항상 아쉬웠는데, 아이의 단점을 고치려면 부모가 먼저 바뀌어야 한다는 사실을 남편이 죽고 나서야 깨달았다.

부모의 모습을 그대로 보여주는 아이들처럼 회계는 경영의 좋은 점도 보여주지만 문제점도 그대로 보여준다. 즉, 회계는 회사를 표현하는 수단이자 회사를 재는 척도이고, 고객이 회사를 자신의 기억에 묘사해 넣는 유일한 수단이었다. 회계는 경영을 이야기할 때 비로소 존재했고, 숫자로 표현되어 정의되었을 때 존재 가치가 있었다.

또한 회계는 꼭 해야 할 이야기라면 그것이 아무리 더럽고 추악한 것이라도 숨기지 않았고, 시대의 물음에 답하는 역할 또한 하고 있었다. 회사가 얼마나 훌륭한지를 말하는 것이 아니라 회사를 판단할 때 얼마나 엄격해져야 하는지를 말했던 것이다. 회계는 회사를 둘러싼 문화와 그 회사가 어떤 회사인지를 말해주며, 회사와 경영에 대한 비평가 역할을 해왔다. 재무제표에는 회사의 흥망성쇠가 있다. 그러므로 회계의 관점에서 경영 다시 쓰기가 지속되어야 했다.

회계에는 회사가 걸어온 길을 보여주는 지도처럼 회사의 모든 역사적 진실이 압축되어 있었다. 재무제표는 경영의 내용이 반영되어 숫자와 이름 속에서 그 존재감을 드러내고 있었다. 재무제표는 경영으로 꾸며진 한 권의 책이며 하나의 세계였다. 제 낯짝 비뚤어진 줄 모르고 거울만 탓하는 것처럼, 경영이 잘못된 것을 가지고 숫자를 탓하는 경우가 있다. 하지만 회계의 비뚤어진 숫자를 치유하는 건 회계가 아니라 경영이다. 그러나 경영을 고치려면 무엇을 고쳐야 하는지 제대로 알아야 한다. 회계는 결국 경영의 방식에 관한 문제였다.

최 사장은 회계 덕분에 자신과 회사를 제대로 보게 되었다. 새로운 것에 대한 도전이 성장을 가져왔다.

상념에서 벗어난 최 사장은 현실로 돌아왔다. 그러자 걱정이 앞서며 얼굴이 다시 어두워졌다.

"지금 우리 회사는 위기입니다. 분식회계 사건으로 국세청 세무조사를 받았고, 주주들은 회사를 신뢰하고 있지 않아요. ESG 리스크 관리도 어려움이 예상됩니다. 이 사건을 들어서 협력업체들이 납품을 거부할 수도 있으니까요."

여기에 더해 소액주주들이 집단소송을 준비 중이라는 소문도 나돌았다.

"세무조사 추징금을 감당하기에는 지금 우리의 자금 사정이 좋지 않습니다. 현금이 부족해서 겨우겨우 버티고 있는 상황에서 클린업과 클린을 모두 끌고 가는 것은 힘듦니다."

생산2팀장이 지금의 위기 상황을 극복하기 위해 기존 클린 사업부를 매각하자는 의견을 내놓았다.

"클린은 우리의 전통적인 수익모델이었습니다. 만약 클린이 없었다면 클린업은 꿈도 못 꿨을 겁니다."

최 사장은 클린을 개발하느라 밤낮을 가리지 않았던 남편이 생각났다.

"그러나 현재의 자금 사정으로 봐서 클린 매각이 최선의 방안이 될 수 있습니다. 아직까지 이익이 괜찮은 편이니 가격은 충분하게 받을 수 있을 겁니다."

신 부장도 클린 매각에 대해 긍정적인 의견을 내놓았다.

"사장으로서 저도 구조조정을 하는 것이 가슴 아픕니다. 그러나 회사를 살리려면 구조조정이 반드시 필요하다는 생산팀장들의 의견에 동의합니다. 허준 회계사님 생각은 어떤지요?"

허준 회계사는 조심스럽게 입을 열었다.

"구조조정에 대한 판단의 근거 자료는 무엇인가요?"

"클린업과 클린의 손익구조를 요약한 자료가 있는데, 이번 의사결정에는 크게 세 가지 사항을 반영했습니다. 첫째, 이익이 최대한 발생하는 사업에 초점을 두어야 한다.

클린은 외주가공을 했을 때 이익이 증가합니다. 클린을 외주로 돌리고 여유 생산 능력을 클린업에 집중한다면 30퍼센트의 이익이 증가할 것입니다. 둘째, 이익을 빨리 현금화할 수 있는 제품에 주력하고 성장 속도도 현금 조달능력에 맞춘다. 클린에 비해 클린업은 회전율이 빨라 현금화가 잘됩니다. 단, 현재 회사 상황으로 볼 때 성장 속도는 30퍼센트를 넘기지 않는 것이 안전하다고 봅니다. 마지막으로, 투자금액 대비 이익이 회사의 목표이익률을 달성하는가? 목표이익률로 본다면 클린업은 15퍼센트에 이르는 반면 클린은 현재 10퍼센트 수준이고, 계속 줄어들 것으로 예상됩니다. 장기적으로 본다면 클린은 가격경쟁에서 밀려 이익률 면에서 클린업과 더 큰 차이를 보일 겁니다. 결국 클린은 외주가공으로 바꾸고 주력제품인 클린업에 집중하는 것이 적절하다고 판단됩니다."

그때, 배석재 차장이 세상의 고민을 혼자 다 짊어지고 있는 듯이 한숨을 내쉬며 짧게 덧붙였다.

"문제는 당장의 자금 압박입니다. 현재의 자금으로는 6개월 이상을 버티기 힘듭니다."

그러자 신성훈 부장이 『주역』의 「계사전」에 나온 말을 인용해 말했다.

"궁즉통窮卽通, 궁하면 통하는 법입니다."

궁즉통은 '궁즉변窮卽變 변즉통變卽通 통즉구通卽久'를 줄인 말로, 궁하면 변하고 변하면 통하고 통하면 오래간다는 뜻이다.

성장이란 몇 번이고 부서지는 고통을 견디면서 이루어진다. 고통과 절망에는 이유가 있는 법이고, 이는 우리를 죽이기 위해서가 아니라 살리기 위해 존재하는 것이다.

"투자자를 모집하면 어떨까요?"

"지금 외부 환경이 너무 안 좋습니다. 분식회계에 연루된 회사에 누가 투자하겠습니까? 금융기관 대출도 힘듭니다. 클린업 생산을 위해 생산시설과 마케팅 인원을 늘려야 하는데 자금이 바닥입니다."

고민에 잠기며 고개를 돌리던 최 사장과 홍 대리의 눈이 마주쳤다. 뭔가 할 말이 있는 듯한 얼굴이었다.

"홍 대리도 아이디어가 있으면 말해봐요."

비자금 사건 이후에 홍 대리의 입지는 단단해졌고 홍 대리의 말과 행동에는 영향력이 있었다.

"기회를 주시니 한 말씀 올리겠습니다. 비자금 조성이나 실적 조작 의심이 들었을 때, 저는 망설였습니다. 이런 치부를 드러냈다가 회사 이미지가 손상될까 봐 걱정됐기 때문이죠."

내부고발 포상금을 노리고 회사 내 갈등을 만들었다는 악소문도 떠돌았고 홍 대리도 같은 무리였다가 돈 분배 문제로 배신했다는 소문도 홍 대리를 괴롭혔다. 최 사장과 허준 회계사는 홍 대리 혼자서 긴 고통의 터널을 외롭게 걸어갔을 것을 생각하며 고개를 끄덕였다. 홍 대리는 아까보다 더 힘주어 말을 이어갔다.

"제 걱정은 현실로 드러났습니다. 이사 중 몇 명이 구속됐고, 정 상무님은 비극적인 죽음을 맞았습니다. 회사의 신뢰도는 땅에 떨어졌고, 직원들 사기도 말이 아닌 것 같습니다."

회의실의 사람들은 고개를 숙이고 어깨를 축 늘어뜨렸다.

"어떤 사람들은 저를 배신자로 보기도 했지만 저는 침묵이 저 자신을 속이는 일이라고 생각했습니다. 회사는 고객을 위해 존재하기에 그들에게 진실을 알려야 한다고 생각했지요. 회사에는 주주나 채권자도 중요하지만 무엇보다 임직원이 가장 중요하지 않을까요? 그렇다면 임직원들에게 현재의 회사 상황을 알리고 그들의 의견을 수렴해 보면 좋은 방안이 나올 거라고 생각합니다. 진실을 말하는 것이 문제를 복잡하지 않게 하는 가장 좋은 방법이거든요."

신성훈 부장이 홍 대리의 생각을 예상했는지 홍 대리의 말을 가로채서 말하고 나섰다.

"경제위기가 왔을 때 한 글로벌 기업은 경기가 악화되어 구조조정을 해야 할 상황이었으나, 감원 대신 직원들 급여를 20퍼센트 줄이는 방법으로 위기를 극복했습니다. 책임을 지는 모습을 보여준다면 신뢰를 얻으리라 믿습니다. 돈보다 더 중요한 것이 있는 것 같습니다. 그동안 열심히 뛰어준 젊은 직원들을 위해 저같이 많이 받는 사람이 연봉을 양보해야 한다고 생각합니다. 우선 저는 3개월간 급여를 받지 않고 일하겠습니다. 그리고 직원들을 설득하여 동참하도록 노력하겠습니다. 단기 자금압박만 피한다면 현금흐름으로 볼 때 회사의 성장가능성이 충분하다는 뜻을 직원들에게 알린다면 불가능한 일도 아닐 겁니다."

신성훈 부장은 평소에 말하곤 하던 주역의 '궁즉통'에서 이 문제를 해결할 방법을 찾은 것이다. 또한 회계라는 것도 비즈니스 세계에서 소통을 위한 언어로, 궁즉통과 일치하는 원리였다.

인건비를 줄이는 것이 비용절감의 가장 쉬운 방법이지만 직원을 해고해 이익을 늘리는 것을 경영이라고 할 수는 없었다. 신성훈 부장은 인건비를 줄이되 해고가 아닌 직원 참여라는 방법을 생각해 낸 것이다. 직원들의 마음을 얻는 것이 위기를 극복하는 방법이었다.

회의가 끝난 후에도 경영지원팀에서는 이번 사건과 구조조정 문제에 대해 많은 이야기를 나누고 있었다.

"홍 대리, 정말 대단해. 처음 왔을 때부터 알아봤다니까."

신성훈 부장이 농담조로 웃으며 홍 대리를 칭찬했다.

칭찬을 들으니 홍 대리도 부끄러웠다.

"아닙니다. 신 부장님께서 생활회계를 가르쳐주셨고, 배 차장님과 이 주임님이 회계에 대한 지식을 알려주셨기 때문에 가능한 일이었습니다. 그리고 마지막 작업은 이 주임님의 공이 컸죠."

회사를 궁지에 몰아넣었던 유 상무 세력은 오히려 경영지원팀이 강해질 수 있도록 도와준 셈이 됐다. 홍 대리가 짧은 기간에 회계의 본질에 접근하게 한 장본인은 다름 아닌 유 상무였던 것이다.

"나도 이번에 홍 대리에게서 많이 배웠네. 저번에 이 일에 대해 이야기한 뒤로 계속 괴로웠는데, 홍 대리의 용감한 행동을 보고 나도 생각이 많이 바뀌었어."

배석재 차장은 홍 대리에게 부끄러운 듯 말했다.

"그나저나 지금 회사가 자금 압박에 처해 있습니다. 이번 사건으로 강도 높은 세무조사를 받았고 자금이 부족한 상태라서 클린업이 계속될 수 있을지 우려됩니다."

홍 대리는 팀원들에게 현재의 심각한 위기에 대해 설명했다.

"회사 경영진에서는 불가피하게 구조조정을 계획하고 있었네. 그런 중에 홍 대리의 아이디어가 경영진에게 감동을 주었지."

신성훈 부장이 임원회의 내용을 이야기했다.

"어떤 아이디어인데요?"

박철진 대리가 물었다.

"구조조정이란 수익을 내지 못하는 자산을 매각하는 것입니다. 또는 수익을 초과하는 비용을 절감하는 것이죠. 대부분은 비용절감을 위해 인건비 절감을 우선적으로 생각하게 됩니다. 현재 우리 회사의 자산은 클린업과 클린의 설비인데 클린은 현재의 수익원이고 클린업은 미래의 수익원입니다. 어느 하나 불필요한 것이 없습니다. 또 현재의 자금 위기는 구조적인 문제라기보다는 세무조사에 따른 단기적인 자금압박이라고 생각합니다. 수정된 재무자료에 의하면 클린업과 클린을 함께 이끌고 가더라도 이익과 현금흐름에는 문제가 없습니다. 따라서 결론은 하나입니다. 임직원이 모두 자신의 급여를 조금씩 희생하면 지금의 위기를 극복할 수 있다고 봅니다."

홍 대리가 결연하게 말했다.

"신성훈 부장님은 3개월간의 급여를 반납했네. 나는 가정이 있어서 6개월간 50퍼센트의 급여만 받기로 각서를 썼지."

배석재 차장이 말했다.

"아니, 배 차장님마저? 그러면 우리도 그렇게 해야 하나요?"

이현숙 주임이 물었다.

"급여 삭감은 차장급 이상으로만 자발적으로 하는 것이 좋을 듯합니다. 그리고 삭감된 급여는 추후에 회사가 정상화되면 소급해서 지급하기로 했습니다."

최 사장은 자신을 돕는 사람들을 위해 보답한다며 자신이 가지고 있던 주식의 40%를 증여하였고 인건비 절감액에 상당하는 스톡옵션을 발행하였다. 또 지분의 일부를 추가로 매각해서 자선 활동을 위한 복지기금도 만들기로 했다.

신성훈 부장의 자금 역시 회사에 단비와 같은 역할을

했다. 회사에서 지푸라기라도 잡는 심정으로 유상증자를 했는데 신 부장이 곧바로 수십억 원을 투자해 2대 주주로 올라선 것이다. 재산이 상당하다는 소문만 무성했지 신성훈 부장의 자금력이 이 정도일 줄은 상상도 못 했다. 신 부장은 단지 애사심 때문만이 아니라 회사의 경쟁력과 성장 궤도가 변한 것이 없는 만큼 길게 보고 통 큰 투자를 했다고 한다. 신 부장에 대해서 더 놀란 것은 엄청난 재산이 남아 있는 줄 알았지만 이번 투자에 전 재산을 걸었다는 것이었다. 나중에 안 사실이인데 오른손이 한 일을 왼손이 모르게 하라는 말처럼 신 부장은 조용히 많은 자선활동단체에 기부해 왔다. 누군가가 이런 미담은 널리 퍼지면 좋겠다는 생각에 공개하면서 신 부장의 선행이 드러나게 되었다. 신성훈 부장은 홍 대리의 좋은 본보기였다. 돈을 벌어서 저렇게 써야겠다는 생각이 들었다.

한편 회계 시스템을 강화하는 변화도 있었다. 이번 사태의 파장이 작지 않았기 때문에 제2의 횡령을 막기 위해서 분기와 반기별로 재무제표를 검토하는 연중 상시 감사 체제를 구축하여 회계부정의 발생 가능성을 낮추기로 하였다. 종전의 회계감사 제도 안에서는 중간감사와 기말감사 중간에 6개월 이상 내부통제가 취약해져 외부감시가 공백상황에 놓일 수 있기 때문이다. 또한 잔고증명 위조를 통한 횡령을 막기 위해서 잔고증명의 진위를 직접 금융기관에 확인하도록 하는 절차를 취하기로 했다.

그동안 회계 세미나를 통해서 전달한 지식이 어느 정도 쌓여 있었기 때문에 회사의 위기와 비전을 숫자로 설명한 것이 직원들 마음에 남아 있던 장벽을 무너뜨렸다. 모든 것이 끝났다고 생각한 시점에 가장 좋은 미래를 상상함으로써 어두운 시간이 빛으로 채워지기 시작했다.

홍 대리는 이번 사건을 계기로 커뮤니케이션이란 말로 설득하는 것이 아니라 하나의 공통된 언어로 서로의 마음을 전하는 것임을 확실히 깨달았다. 마음을 열고 상대를 받아들이면 감정은 통하게 되어 있는 것이다. 결과적으로 구조조정 대신 일부 제품을 분사 형태로 아웃소싱하는 방안이 채택되었다.

누군가에게는 의미를

누군가에게는 허탈함을

누군가에게는 말로 표현할 수 없는 것들을.

누군가는 숫자에 울고

누군가는 숫자에 웃는다.

- 무명

회계는
사이클이다

"머니 바이블 블로그에서
더 많은 회계 꿀팁을 전수해 드립니다."

어느덧 3년이라는 시간이 흘렀다. 회사는 코스닥 등록 준비에 한창이었다. 코스닥 등록 절차는 상당히 까다로웠지만 배석재 차장과 홍 대리, 이현숙 주임은 훌륭하게 업무를 수행했다. 국제회계기준에 따라 재무제표도 작성했다. 상장회사는 국제회계기준, 자산 100억 원 이상인 비상장회사는 일반기업회계기준, 외부감사대상이 아닌 주식회사는 중소기업회계기준을 적용하고 있다.

국제회계기준은 연결재무제표를 주재무제표로 작성하고 공정가액으로 자산을 평가하도록 하기 때문에 시간과 비용이 많이 소요되었다. 또 기존의 규정 중심 회계에서 원칙 중심으로 바뀌어 회사 실정에 맞게 회계처리 방식도 선택해야 했다.

이런 환경에서는 재무제표 이면에 있는 기업의 현장을 제대로 분석하고 이해하는 것이 더더욱 중요해진다. 한마디로 장부가 객관식에서 주관식으로 바뀌고 있는 셈이다.

배석재 차장은 재무담당이사, 이현숙 주임은 회계과장으로 승진했고, 홍 대리는 새로운 직책인 커뮤니케이션 담당 책임자CCO, Corporate Communication Officer라는 직함을 갖게 되었다. CCO는 회사 외적으로는 PR 업무를 수행하고 회사 내적으로는 임직원이 회사의 비전을 향해 일관성 있게 나아갈 수 있도록 돕는 커뮤니케이션 교육 프로그램을 책임지는 직책이었다. 회계를 통해 직원들의 마음을 한데 모았던 경험을 높이 인정받은 것이다.

기뮤니게이션 담당 책임자 역할을 맡은 것은 홍 대리의 삶에 큰 변화를 가져왔다. 홍 대리는 회계에 자신감을 갖게 되면서 회계사가 되겠다는 목표를 세웠고, 직장에 다니면서 마침내 회계사 자격증을 취득했다.

회계 커뮤니케이션 업무를 맡고 보니 '회계는 재미없고 어렵다'는 편견과 '회계 업무는 회계 실무자만의 일'이라는 인식이 가장 안타깝게 느껴졌다. 홍 대리는 회계를 쉽고 재미있게 만들어 직원들이 회계를 통해 경영을 보는 시각을 갖게 해주고 싶었다.

홍 대리의 과제는 회계인의 시야를 대중에게까지 대폭 확대하는 일이었다. 소수에 의한 회계의 독점을 해소하기 위해서는 회계업무에 종사하지 않는 사람들도 회계적인 판단능력을 기르고 훈련해야 한다. 홍 대리는 사람들이 최소한의 노력만으로 회계를 소비할 수 있도록 회계의 본질만 남겨 단순하게 만들고자 생각을 비우려고 노력했다.

홍 대리는 회계의 최종적인 결과물인 재무제표를 그려보았다. 그것은 누구나 알고 있는 재무상태표와 손익계산서를 합쳐놓은 표였다. 자산, 부채, 자본을 표시하는 것이 재무상태표이고 수익과 비용을 표시하는 것이 손익계산서였다. 즉, 재무상태표는 회사의 재산이 얼마인지를 보여주는 것이고 손익계산서는 회사가 장사를 해서 얼마나 벌었는지를 알려주는 것이다. 재무상태표가 부자를 판정하는 기준이라면 손익계산서는 고소득자를 판단하는 기준이 되는 셈이다. 이 재무제표를 이해하기까지 홍 대리도 수년이 걸렸다.

하지만 이를 이해했다 해도 회계를 제대로 이해했다고 할 수 있는지는 여전히 의문이었다. 재무제표상의 숫자보다 더 중요한 무언가가 있을 거라는 생각이 솟구쳤다.

홍 대리는 그동안 신성훈 부장과 허준 회계사가 강조했던 것을 떠올려보았다. 그들이 가르쳐준 회계는 단순히 책상머리의 추론에서 나온 것이 아니라, 소용돌이치는 경영 현장의 중심에서 얻은 생생한 교훈이었다.

회사가 상장하면서 유상증자에 참여했던 신성훈 부장은 억만장자가 되었고 대주주가 회사에 남아 있는 것이 다른 사람들에게 부담을 준다면서 퇴사한 상태였다.

홍 대리는 문득 어떤 의문이 떠올랐다. 대변은 돈이 들어오는 항목을, 차변은 돈이 나가는 항목을 의미한다는 것은 오래전에 알았지만 부채, 자본, 수익의 각 항목과 자산, 비용의 항목에 대해 어떤 개념적 지위를 부여해야 하는지는 여전히 의문이었다.

그때 허준 회계사의 얼굴이 떠올랐다. 모든 지혜로운 대답은 현장에서 나온다는 평범한 진리를 몸으로 깨닫게 해준 허준 회계사의 가르침은 홍 대리에게 빛이 되어주었다.

그렇다. 허준 회계사가 말하려고 했던 메시지는 '회계는 경영'이라는 것이다! 즉, 회계는 회계로 푸는 것보다 경영의 흐름으로 푸는 것이 더 정확하고, 재무제표가 회사의 모든 것을 대변해 준다는 의미였다. 회계는 최고로 정제된 언어로, 경영의 힘을 세상에 전달하는 것이었다.

경영이란 자금을 조달해서 투자하고 이익을 내는 흐름이다. 자금을 조달하는 방법에는 두 가지가 있다. 자기 돈을 이용하는 것이 하나, 모자란 부분은 빚을 내는 방법이 다른 하나다. 회계에서는 자기 돈을 '자본', 빌린 돈을 '부채'라고 한다. 결국 회사의 자금은 재무상태표 대변의 부채와 자본으로 조달된다. 이 자금은 회사의 지출에 쓰이며 차변에 기록되는데, 때로는 자산이 되기도 하고 때로는 비용이 되기도 한다. 즉, 자산은 미래에 수익을 창출하는 지출이고, 비용은 미래에 수익을 창출하지 못하는 지출이다. 처음에는 자산이었다가 시간이 흐르면서 비용으로 바뀌는 것도 있다.

이런 차이가 있지만 자산과 비용 모두 돈을 사용하는 것이라는 공통점 역시 가지고 있다.

홍 대리의 시선은 이제 비용과 수익으로 내려왔다. 수익이 비용을 초과하면 이익이 발생하고 반대로 비용이 수익보다 더 많으면 손실이 발생한다. 그러나 그보다 중요한 것은 비용을 기반으로 수익이 생긴다는 사실이다. 비용은 현재의 수익을 창출하기 위해 지출된 것이기 때문이다.

이렇게 창출된 이익은 자본을 늘린다. 다시 처음의 출발점인 자본으로 돌아오는 것이다. 즉, 자본이 늘어난다는 것은 회사가 이익을 많이 낸다는 의미다. 반대로 손실이 발생하면 자본은 줄어든다.

경영 활동은 자본과 부채에서 시작하여 자산, 비용, 수익, 그리고 자본으로 이어진다. 홍 대리는 이것을 처음의 재무제표에 그리고 거기에 그의 생각을 집어넣었다. 그러자 재무제표에 하나의 원이 그려졌다. 이것은 기업의 활동이 재무제표의 화살표처럼 원활하게 흘러가야 한다는 의미이기도 했다.

회계는 이렇게 단순하면서도 집요한 사이클이었다. 우리 몸의 피가 물 흐르듯 흘러야 건강한 것과 같은 이치였다. 모든 숫자가 경영의 큰 틀 속에서 유기적인 관계를 맺고 있었다.

그러고 보니 물과 돈은 같은 점이 많았다. 사람의 생명을 위해 물이 반드시 필요한 것처럼, 기업의 생명을 위해 돈은 반드시 필요하다. 퍼내면 차기 마련이고 이용하지 않으면 말라버린다. 즉, 물과 돈은 그 자리에 고이는 순간 썩게 되므로 계속해서 돌고 돌아야 생명력이 살아난다.

허준 회계사의 얼굴이 사라진 허공에 영주의 얼굴이 채워졌다. 의사인 영주는 진단의 중요성을 말하곤 했다. 진단을 잘해야 환자에게 처방을 제대로 해줄 수 있기 때문이다.

재무제표는 사람의 몸과 같고 화살표는 피와 같은 것이다.

허준 회계사와 영주의 얼굴이 머릿속에 한꺼번에 떠오르면서 어떤 깨달음이 가슴속을 파고들었다. 다시 홍 대리의 마음은 재무제표를 향했다.

'재무세표는 기업에 있어서 의사의 청진기와 같은 역할을 하는 것이다.'

재무제표를 만드는 것보다 그 재무제표를 통해 기업의 경영 활동을 보는 것이 더 중요한 법이다. 경영은 그 자체가 예술작품이었고, 회계는 그것을 그려내는 예술가였다. 그리고 누구도 경영을 해보지 않고는 회계를 그릴 수 없다. 즉, 회계는 기계적인 숫자계산이 아니라 경영의 원리를 몇 가지 숫자로 설명하는 지극히 창의적이고 상상력이 필요한 지적 활동인 것이다.

좋은 회계는 모든 것이 재무제표 안에 녹아 있어 따로 설명이 필요 없어야 하며, 숫자만으로 경영 현장과의 대화가 가능해야 했다. 회계를 통해 기업의 흐름을 이해할 수 있다면 이는 조직의 목표 달성으로 연결될 것이다. 홍 대리는 경영 이야기에 자신의 상상력을 더하여 이야기를 만들어냈고 그 이야기를 숫자로 승화시키고자 하였다. 왜 신성훈 부장이 그토록 회계란 소통을 위한 비즈니스 언어이고 그 근간이 '신뢰'라고 강조했는지 알 것 같았다.

그때 영주에게서 메시지가 왔다.

'오빠, 오늘 잊지 않았지? 7시에 우리 병원 앞에서 봐.'

어느덧 6시가 다 되었다는 것을 홍 대리는 그제야 알아차렸다. 오늘이 영주의 부모님께 정식으로 인사를 드리는 날이라고 생각하자 긴장감이 밀려왔다. 하지만 홍 대리는 영주 부모님의 마음을 움직일 자신이 있었다. 진심은 상대의 마음을 움직일 수 있음을 회계를 통해 깨닫지 않았던가?

'당근이지🤍'

답장을 보낸 홍 대리는 거울 앞에서 옷매무새를 다듬고는 휘파람을 불며 힘찬 걸음으로 사무실을 나섰다.

돈으로 살 수 있는

행복이라 불리는 상품은 없다.

― 헨리 반 다이크

회계 천재가 된 홍 대리 1

초판 1쇄 발행 2007년 1월 12일
개정4판 1쇄 인쇄 2023년 10월 11일
개정4판 1쇄 발행 2023년 10월 25일

지은이 손봉석
펴낸이 김선식

경영총괄이사 김은영
콘텐츠사업본부장 임보윤
콘텐츠사업1팀장 한다혜 **콘텐츠사업1팀** 윤유정, 성기병, 문주연
편집관리팀 조세현, 백설희 **저작권팀** 한승빈, 이슬, 윤제희
마케팅본부장 권장규 **마케팅2팀** 이고은, 양지환 **책임마케터** 양지환
미디어홍보본부장 정명찬 **영상디자인파트** 송현석, 박장미, 김은지, 이소영
브랜드관리팀 안지혜, 오수미, 문윤정, 이예주 **지식교양팀** 이수인, 염아라, 김혜원, 석찬미, 백지은
크리에이티브팀 임유나, 박지수, 변승주, 김화정, 장세진 **뉴미디어팀** 김민정, 이지은, 홍수경, 서가을
재무관리팀 하미선, 윤이경, 김재경, 이보람
인사총무팀 강미숙, 김혜진, 지석배, 박예찬, 황종원
제작관리팀 이소현, 최완규, 이지우, 김소영, 김진경
물류관리팀 김형기, 김선진, 한유현, 전태환, 전태연, 양문현, 최창우
외부스태프 표지 및 본문 디자인 김혜림 **일러스트** 감각가

펴낸곳 다산북스 **출판등록** 2005년 12월 23일 제313-2005-00277호
주소 경기도 파주시 회동길 490
대표전화 02-704-1724 **팩스** 02-703-2219 **이메일** dasanbooks@dasanbooks.com
홈페이지 www.dasan.group **블로그** blog.naver.com/dasan_books
용지 스마일몬스터 **인쇄** 상지사피앤비 **코팅 및 후가공** 평창피앤지 **제본** 상지사피앤비

ISBN 979-11-306-4643-5 (04320)
         979-11-306-4639-8 (세트)